Manfred Sommer

»Jahrgang 27«

Zeit des Nachdenkens

Herstellung: Libri Books on Demand
ISBN 3-89811-003-6

Der größte Schuft im ganzen Land, das ist und bleibt der Denunziant. Beide Teile Deutschlands wurden ´89 ein ganzes Land.

Die "Informellen Mitarbeiter" des Staatssicherheitsdienstes der ehemaligen DDR sahen ihrer Enttarnung entgegen.

Der IM "Helmut Franke", Familienmitglied des Manfred Sommer, mußte seiner schäbigen Karriere entsagen. Aber er und seine "Brüder" wurden nach der Wende mit Samthandschuhen angefaßt.

Die Zeit des Nachdenkens über Gerechtigkeit für die Opfer von Stasi und SED hatte deprimierende Ergebnisse, wie wohl die Bundesrepublik kein Konzept für ein vereintes Deutschland hatte. Dem Selbstlauf überlassen, gab es zwar neue ungewohnte Freiheiten für die Ostdeutschen, aber auch alle Schattenseiten einer flauen Demokratie – Grund zum Nachdenken...

Vorwort

Die Welle der Verharmlosung des SED–und Stasiunrechts und -unwesens nimmt zu. Es beteiligen sich blauäugige Westdeutsche, die nie etwas mit den Vergehen und Verbrechen des ausgeklügelten Machtapparates der sogenannten DDR zu tun hatten, daran, die Massenmedien wie das Fernsehen z.b. mit "Quivive" und der Tränentour für arme Sachsen in Hellersdorf und Marzahn, den Hochburgen der Ulbricht – Honecker – Parteigänger; die "Seelen – und Lebensqualen" ausstehen müssen, seit 1989 der Spuk vorbei war; wie die " Berliner Zeitung" , die mit Herrn Gsang Melotragödien über Oberschöneweide, Klein-Machnow und die Beermannstraße "abzieht", und – man höre und staune:

Unser Herr Bundeskanzler Kohl – seit ein paar Tagen Chinas >Rotkohl<! Menschenrechte dort passé? Priorität haben wirtschaftliche Beziehungen??

Als wenn die Peinigung der Regierungsgegner in der "Deutschen Demokratischen Republik" (der größten DDR der Welt!) eine Art Lustspiel mit leise - tragischem Aspekt gewesen ist. Man kommt auf den Gedanken, man muß sich entschuldigen, den Dreckskerlen von damals Paroli geboten zu haben!

Von Mord an vermeintlichen Verrätern über lebenslange Haft (die Mord gleichkam) bis zur Drangsalierung der Familien, Diebstahl (Raub) ihres Eigentums bis zur Beleidigung ehrlicher Menschen und ihre Vertreibung aus der Heimat fand alles Erdenkliche – dem Faschismus / Nationalsozialismus Ähnliche und Abgeschaute statt.

Nein! Breitet einen Schleier, breitet ihn aus über 40 Jahre Mitteldeutschland plus 30 Jahre kommunistische Herrschaft über Eurasien und küßt den Erzverbrechern die Hand!

Das liegt im System der europäischen Feiglinge gegenüber Jugoslawien, das ist die Seele des neuen Europa!

Wende

Alles, was wie ein Wunder hereinbrach, nahm ich nur von ferne wahr. Es begann mit der Entmachtung des Generalsekretärs, des Partei- und Staatsratsvorsitzenden der Deutschen Demokratischen Republik Die Politik hatte sich zugespitzt wie eine scharfe Lanze. Ungarn öffnete die Tore seines Vorhangs, Botschaften nahmen DDR-Deutsche auf und platzten aus ihren Nähten, es mußte etwas "passieren".
Und mein Herz ertrug die Anspannung nicht mehr und Infarkt und Re - Infarkt befreiten die Fesseln. Nur bruchstückweise enthüllte jede Stunde den Lauf der sonst so undurchsichtigen Geschichte. Um Mitternacht des 9.November brach die Mauer, nicht daß alte Männer des für die Ewigkeit gedachten Zentralkomitees den Mut dazu gehabt hätten. Eine verquere Erklärung führte zum Umsturz, Ratlosigkeit trotz waffenstarrender "Republik", die Berliner rückten die Tore aus ihren Angeln, die Gequälten quollen hindurch.
Rundfunk und Fernsehen drangen auch zu mir ins Krankenzimmer. Das Nachrichtengewimmel wurde immer wieder angefeuert, bis es auf der Hand lag: Der Spuk mit der Mauer ist zu Ende!
Als wollte man den Sozialismus wegfegen, begann ein Ausverkauf des Weltniveaus an Waren und Dienstleistungen. Alle Versuche , noch einmal anzuhalten, eine Reisefreiheit zu etablieren, eine freie Volkskammer "arbeiten zu lassen", endeten in leergefegten Lagern und sich auflösenden Institutionen. Die DM kam. Jetzt erst war klar, daß sich auch Träume nicht ins Paradies hinüber retten konnten. Denn die Westdeutschen hatten kein Konzept. Das Ministerium für die Wiedervereinigung hatte

geschlafen und "Fachleute tasteten mit der Stange im Nebel". Das Westgeld hatte weniger Wert als die eigene Binnenwährung und die Ware floß nicht über Nacht in den Osten!

Um die Hälfte abgehalftert und mit Preisen in erstaunlicher Höhe guckte jeder in sein leer werdendes Portemonnaie. Eine Schrippe nicht mehr 5 Pf sondern 30Pf ! Und Schritt für Schritt kamen die Neuen, um alles zu schließen und einzuebnen. Moralisch wurden die Ostler als faul und unfähig beschimpft. Und Haie konnten sich nach Verbrechermanier an der "Konkursmasse" vergehen.

Zwar mußte man sich nicht mehr ängstlich umsehen, ob man eine Staatsverleumdung begangen hatte, aber den Verbrechern wurde kaum nachgestellt, viele stiegen den Neuen ganz schnell hinterher, die Stufen hinauf. Der Blöde war immer der ehrliche "kleine Mann".

Dennoch war es ein Gefühl klingender Freude, der Genugtuung: Die Welt ist wieder offen, Du hast sie überlebt, diese Klugscheißer, überhebliche Ideologien des Kommunismus, Stalinismus, die übermächtig sind, weil sie wahr sind!

Ihre Vasallen stempelten Personalausweise, Pässe, taten noch so, als ob sie ihren Zoll – und Polizeiblick beibehalten hätten, mußten aber die Menschenströme passieren lassen, von Ost nach West und von West nach Ost; Trennmauern zu U- und S-Bahn mußten über Nacht weggeklopft werden, die alten, fast vergessenen Pfade taten sich wieder auf und die große Schandmauer wurde von den "Spechten" und von der "Nationalen Volksarmee" mit schwerer Technik geräumt.

Jeder Tag brachte Neues. Die nächsten zehn Jahre werden noch vieles bringen!

Wo ich lebe und nachdenke

Wolken ziehen über den blauen Himmel, mal schnell, mal langsam, ihre Gestalt hastig oder gemächlich zu verändern. Die Sonne läßt sich leicht verdrängen, denn es ist schon September und Herbstanfang.

Wir hatten Jahre, in denen es bis weit in den Oktober hinein warm war, weil die Sonnenstrahlen ungehindert auf die Erde gelangten. Da war das verfärbte Laub beinahe ein Anachronismus für Herz und Auge.

Diesmal aber paßt beides zusammen: die Kühle, die bunten Farben im Sonnenschatten. Fürs Gemüt sind die Ahornblätter harmonisch vom Malersmann Herbst in den grün – gelb - braunen Baumkronenbestand gesetzt. Wie soll ich ihre Färbung nennen? Krapprot – ocker bis rötlich – violett? In ihrer Zartheit sind sie vom Licht durchflutet und ähneln denen des Götterbaumes. Sie fächeln im Wind, säuseln bei Stille im Revier. Eine Melodie durchzieht die Gedanken. Es ist die Erinnerung an die Töne des Sommers, an Gesumme und Gebrumme, an das Zirpen der flimmernden Luft in der Sonnenhitze, an das Knistern in der harzrinnenden Rinde der Kiefern, an das Zwitschern der jungen Brut, an das Schreien des Adlers beim Aufsteigen in wirbelnder Thermik, an das Schlagen der Wellen gegen den Bootsrumpf, an das Knallen der Segel bei der Halse, an das Blinken und Blitzen des Sonnenlichtes in Milliarden von Wellenpunkten...

Wohl oder übel werden die Nebel kommen, wird sich die Nässe aus den Bäumen schütteln und ein kalter Wind immer wieder die Blätter zum Fliegen bringen; Eis und Schnee, schwarzgrün verhangener Himmel, krächzende Krähen, steil aufsteigender Rauch aus den Häusern bei lautlos – stillem Horizont...

11

Sonnenwende leitet die hellere Jahreszeit, Vorfrühling und Frühjahr ein. Gut, daß die Melodie der Gedanken zart geplusterte Wölkchen, aufspringende Kätzchen, grüne Blattspitzen, aufatmende Menschen voraussingen lassen kann!

Mehrere Wege kreuzen sich und bilden eine heitere Wiese. Sie ist umsäumt von Kiefern zur Linken, von Eichen zur Rechten und beiden gegenüber von Häusern, groß und klein, umzogen von einer Kopfsteinpflasterstraße.

Menschen sind selten zu sehen. Nur ihre Fahrzeuge stoßen in die Ruhe, streifen sie auf dem Wege, der die Lichtung am Rande berührt.

Wer schaut schon mal vors Tor seines Gartens, wen kann ein Platz schon dazu verleiten ,aus dem Wagenfenster zu blicken?

Wohl aber leisten Drosseln und Amseln, Meisen, der Eichelhäher und manch laute Elster neben den Eichhörnchen und ein, zwei gestreifte Katzen mit lautlosen Pfoten den Bewohnern Gesellschaft.

"Jägerzäune" verheißen dem Namen nach Gefährlichkeit, sind aber in die Landschaft gepaßt wie ein Förster, der das Leben hütet und hegt.

Ein schöner Platz am Rande der Dammheide, am Rande der Großstadt, an der Grenze der Welt.

Aber ich muß mich sehr anstrengen, Momente der Ruhe zu finden! Zu sehr werde ich mit dem Strudel der Ereignisse fortgerissen.

Juni 92

Deutschland geeinigt Vaterland?
Die Gefühle gingen mit uns durch: Die letzten
unsinnigen (?!) Grenzkontrollen zwischen "DDR" und
Bundesrepublik Deutschland waren aufgehoben,
abgebaut, geräumt; wirkungslos, entmachtet, entlassen,
verlegt nach Sankt Nimmerlein.
Brandenburg, die Mark Brandenburg , das neue –
wenn auch arg gestutzte Land Brandenburg (welch
Klang dieses schönen Wortes, nur noch in alten
Atlanten und auf Karten vor 1952 zu lesen und in
seiner Adlergestalt erkennbar) im Wiedererstehen!
"Steige hoch, du roter Adler, hoch über Sumpf und
Sand, Sumpf und Sand, hoch über dunkle
Kiefernwälder - Heil dir, mein Brandenburger Land..."
Stalin hatte dem Brandenburger Adler rechts der Oder
den einen Flügel und die Hälfte der Klauen und des
Schwanzes abschneiden lassen! Die westlichen
Alliierten hatten dem in Jalta und Potsdam zugestimmt
- jetzt aber auch der (unmathematischen) Rechnung
2+4=1; und das ließ manches fast vergessen: Das
unsinnige Verbot Preußens!
Wie schön, wie wunderschön der Klang der Namen der
neuen Länder; Mecklenburg / Vorpommern, Sachsen
/Anhalt, Freistaat Sachsen + Niederschlesien (warum
eigentlich nicht?), Thüringen; Brandenburg – Preußen?
Ja wir wollen preußische Tugenden wie Treue,
Pflichterfüllung, Gehorsam, Kameradschaft, Tapferkeit
und Fontansche Treuherzigkeit; denn diejenigen , die
Hitler mit Todesmut entgegentraten, waren preußische
Offiziere, Nachfahren tapferer urpreußischer
Geschlechter ; denn Hitlers Krieg war nicht Preußens
Krieg, auch wenn dieser preußische Orte, Namen und
Begriffe für sich ausnutzte! Der "alte Fritz" war selbst

von den Kommunisten anerkannt worden, sie lobhudelten ihm sogar, um – ebenso wie Hitler – ihr faules Image mit Friedrich dem Großen, Friedrich II., aufzumöbeln !

Jetzt ist die Rest – Mark – Brandenburg neues Bundesland! Freier Wind durchzieht die Wälder, Sümpfe und Wiesen.

Wirklich? Die Grenzen waren bis 1952 eindeutig seit 1815. Die "demokratischen Krümelkacker " konnten das ja nicht akzeptieren! Warum denn "einfach" , wenn es kompliziert "viel besser" geht? Da wurde der Westzipfel um Lenzen abgezwackt, Tantower Land und das mecklenburgische Gebiet von Fürstenberg bis Tornow angeklatscht, um nur ein paar Beispiele zu nennen, im Westen und Süden wurde angehängt und weggenommen, wie Havelberg, Ziesar, Mahrzahnz und Dehna, Herzberg, Lauchhammer und Ruhland, um ja die verfluchte Sozialistenzeit nicht vergessen zu machen, kostspielige "Abstimmungen" verwirrten die Einwohner, und Wut aufeinander wurde erzeugt!

Freier Wind durchzieht die "neuen" Bundesländer? Gäb's da nicht eine Treuhand–Gesellschaft mit Tochtergesellschaften wie der GPG (Gesellschaft zur Privatisierung des Handels), um als neue Diktatur-Einrichtung den Menschen in der ehemaligen DDR jeden Spielraum zu nehmen! Diktat unter dem wohlklingenden Namen "Privatisierung". Frau Breuer ist so vermessen und unbeschlagen, daß sie es hundertprozentig zurückweist, etwa einen politischen Auftrag zu haben? Da die Sanierung der ehemaligen Ost - Wirtschaft und ihrer Betriebe bis zum Lautwerden einiger Fachstimmen (Biedenkopf) total vernachlässigt wurde, wissen wir, daß der Wind der "freien Wirtschaft" der westlichen Seite nur in einer Richtung blies und bläst! Wenn Sanierung kein

14

politischer Auftrag ist, dann versteht man die gesamte konzentrierte Konzeptlosigkeit Bonns: Die alten SED- und Stasidreckskerle wurden gebraucht (selbst in der Treuhand); Betriebe konnten nur saniert werden, hätte man sich der politisch integren Fachkräfte bedient und die alten Seilschaften ins "Aus" gesetzt!

Freier Wind?

Wie hoch waren die Schmiergelder zwischen den Westanbietern und den Ostabnehmern? Wieviele Häuser gehören neben Schalck-Golodkowski heute den "Managern" der Konsumgenossenschaften? Wer hinderte sie denn? Die paar kleinen "Popel", die aufgestanden sind und reinen Tisch machen wollten, weil sie genug vom Sozialismus hatten, wurden in "Kurzarbeit - Null" oder in den Vorruhestand (den bezahlte ja die alte Bundesrepublik) oder in die Arbeitslosigkeit abgeschoben! Und das geschah meist so früh, daß nicht einmal eine Abfindung oder ein Entlassungsgeld (anderes Wort für Abfindung) gezahlt werden mußte oder gesetzlich von den kleinen "Popeln" abgefordert werden konnte ?!!

Ein freier Wind? Nein, nicht bei der Überheblichkeit des Herrn Kohl! "Kanzler der deutschen Einheit"! Parteienprofilierung, Kampf um Machtpositionen, Personalgerangel, Wählerstimmenfang, ja sogar wissentliche Falschprognosen, Lügen, Schönfärberei; Ahnungslosigkeit, "Tasten mit der Stange im Nebel" (was selten Erfolg bringt und wie der berüchtigte "Griff nach dem Strohhalm" endete) waren die großen Taten.

Und das alles zahlt, ja überzahlt der westdeutsche Steuerzahler gut und gerne dreifach: mit seinen Steuern (die man für besseres hätte nutzen können) mit "Solidaritätsgeldern" und mit Zusatzsteuern bzw.

Steuererhöhungen und angehobenen Mehrwertsteuern! Dient das dem Wind der Freiheit?

Es peitscht auf zum Wessi–Ossi–Gegensatz, zu Fehlurteilen, zur völlig falschen Einschätzung der Ostdeutschen – die z.B. alleine die Reparationen an die nimmersatte Sowjetunion getragen haben – und ihrer Leistungen! "Was bringt ihr Ostdeutschen denn ein in die Einheit?", das war eine zum Schlagwort gewordene provozierende Frage geworden!

Freier Wind? Nein ein "hundsgemeines" Gezänk zwischen Herrn Lafontaine und Herrn Kohl, und da "mittenmang" das "Möchtegern–Geschrei–des Grafen".

Ein freier Wind, von demokratischen Parteien entfacht, eine Konzentration auf die Großaufgabe Einheit, Vereinigung, ein Miteinander, ein ostdeutsches "Wunder"? Nein, ein Beispiel, wie's im "europäischen Haus" zugehen wird.

Man kann jetzt schon das Fürchten kriegen!

Ein freier Wind? Ja! Für Mafiagelder, die hier reingewaschen werden. Für Hütchenspieler, größere Betrüger, Bankräuber, Erpresser, saufreche "Aussteller in Westberlin", die ihre Scheißwaren an der Straßenecke, vor dem Gartenzaun, am nächsten Baum gleich vom Auto aus "verschenken" wollen, "gebrochen" deutsch sprechen und es immer eilig haben – vom Italiener über Holländer bis zu Japanern – immer derselbe Trick. Vergewaltiger, Rauschgiftdealer, Messerstecher, Mörder, Räuber; weil die schneidige Bundesregierung die Polizei "freiheitlich" so verringert, daß sie kampfunfähig ist gegen das organisierte und "ungeordnete" Verbrechen.

Ein freier Wind der Gedanken? Die Presse könnte ihn entfachen, aber sie verherrlicht Mord, Kindesentführung, Eheskandale, Randale und Eklatschlagzeilen, verkündet "ungelegte Eier" als

Wahrheiten, läßt "Enten" los und treibt die Menschen in den neuen Ländern in Unsicherheit und Angst, ja Selbstmord und Irrsinn.

Die unstreitbaren Segnungen des Westens werden so untergebuttert, daß viele Menschen auf die wahnwitzige Idee kommen, die DDR zurückhaben zu wollen.! Da liest man "Rotfront lebt", "Die DDR soll bleiben!" "Deutschland verrecke!" und vieles andere mehr.

Man muß schon ein gutes Sieb haben, um aus dem Staub des freien Windes sich die Körnchen der Freiheit, des Schutzes durch das Gesetz, der schöneren Lebensart mit vielfältigem Warenangebot und wahrer Kaufentscheidung, der Wahl und Gedankenfreiheit herauszuklauben.

Der freie Wind des Rechtsstaates? Einerseits werden subalterne Arbeitsstellen von ehemaligen Angehörigen der Stasi gesäubert, selbst aus der Stadt- und Straßenreinigung werden sie entfernt, andererseits werden die Urteile aus Gerichtsprozessen gegen "Feinde der DDR" anerkannt, weil sie dem DDR-Recht entsprachen.

Jedermann weiß nun endlich, daß Ermittlungs-verfahren, Beweisaufnahmen, Observierungen, Haftrichtereinlassungen z.T. unter tendenziöser Zielsetzung, die in verbrecherische Methoden umschlagen konnten, daß allein der Zweck die Mittel "heiligte", nur dieser Staat, die DDR das höchste Maß war, die Verfassung umgangen wurde, Menschen-rechte z.T. mit Füßen getreten wurden, Haftstrafen "verpaßt" wurden, bei denen einem schon vom Anhören das Leben erstarrte und das Herz stille stand, Aussagen erpreßt oder mit Drogen erreicht wurden, oft genug Menschen verschwanden, nachdem sie an der Mauer getötet (ermordet!) worden waren, daß Kinder den Eltern weggenommen und mit einer neuen "Identität" versehen wurden, daß dies alles mit und ohne Wissen der Gerichte vollzogen wurde, daß der Stasi eigene "Justizorgane" walten ließ, gegen die Strafprozeßordnung "verstieß", gegen die Gesetzlichkeiten der Haussuchung und ihrer engeren und weiteren Bedürfnisse handelte, kidnappen ließ, Abhöranlagen aller Art in allen Bereichen hatte errichten lassen...

Und da geht man streng nach den Akten? Wer hat sich denn das ausgedacht? Warum werden bei den Rehabilitierungsverfahren nicht die Betroffenen gehört, Zeugen vernommen, eidliche Aussagen hinzugezogen, um nachträglich Recht zu sprechen?

Freiheitlicher Wind? Manches Opfer des Sozialismus sagt sich, warum bin ich so blöd gewesen, diese DDR anzugreifen, diesen ungleichen Kampf aufzunehmen? Anpassen hätte ich mich sollen, mitheulen hätte ich müssen, denn die hohen Politiker haben sich die Hände geschüttelt und "nützliche" Gespräche geführt "zum Wohle der Brüder und Schwestern" im Osten.

Das war keine Revolution sondern nur ein Zufall und der Ausfall der Sowjetpanzer, das Nichteingreifen des Weltproletariats!

Freier Wind? Für Neonazis, Hooligans, Skinheads, "Republikaner", und ihre Trabanten, ja! Für Autonome, Asoziale, Anarchisten, ja! Für Haie aller Art: Wucherer, Mieteintreiber, " Geschäftsleute" der schlimmsten Sorte, Schmierenanwälte, kriminelle Sympathisanten der Terroristen und ihrer "Szene", lichtscheues Gesindel vom Schlage der Hitler–Tagebuch – Entdecker...

O, Rechtsstaat, wo bist Du?

Und darum gehen heute keine positiven Gefühle mehr mit uns "durch".

Der Rechtsstaat boykottiert seine eigenen Regierungsbeschlüsse. Vor einem Jahr wurde Berlin zur echten Hauptstadt mit Regierungssitz per Parlamentsmehrheit und anschließendem Bundesratsbeschluß festgelegt. Was ist bis heute geschehen? Die Förderalismuskommision hat neben vielen anderen Institutionen die Hauptstadtrolle unterlaufen und mehr Ministerien abgezogen als der Regierungsmetropole zuträglich ist. Ständige Querelen sollen den Beschluß "aufweichen", ihn umdrehen! Der Kanzler? Er ist der "Aussitzer", der Mann ohne Standpunkt. Muß Berlin erst Verfassungsgericht- und Obersten Bundesgerichtshof anrufen, um die Durchsetzungspflicht von Bundestagsbeschlüssen zu erwirken bzw. wegen Betruges klagen?

Gefühle der Enttäuschung des "Verhohnepipeltwerdens" , Gefühle der Ohnmacht, eigentlich schon der Wut und der Rache werden wach, und die Menschen wählen die Extremen von rechts und links – nur um's zu zeigen: Wir machen den Krampf, die Lüge und den Aderlaß nicht mehr mit!

Da geht's den "wilden" Ehen steuerlich an den Kragen, den Autofahrern mit "größeren" Wagen, den Mietern, den Kranken und Behandlungsbedürftigen, den Menschen mit Zahnproblemen – im allgemeinen dem kleinen Mann!

Das wird sich auf die Dauer keiner gefallen lassen!

Die Menschen werden wieder aufstehen und ihren Volksstandpunkt hinausschreien –

Aber dann weht der "freie Wind" aus dem Osten, so absurd das vor zweieinhalb Jahren erschienen wäre.

Oh, Ihr arroganten Steidelmüllers, Ihr wandelnden Geschichtsbücher, Ihr Großmäuler – Ihr, die Ihr unverdient Eure fetten Bäuche habt mästen können, weil die Türken und Ithaker, Griechen und Jugoslawen

19

Euch die Müllkästen leerten, die Kloaken reinigten, Eure Villen putzten, Euch die Schuhe polierten für einen Hungerlohn – im Währungsgefälle zu ihrer Heimat ein "Vermögen" machen konnten, was sie Euch jetzt zurückzahlen, weil Billiglohn- und Billigländer aufwachen und Euch in die Pfründe hineinspucken.

Deutschland – vereinigtes Vaterland?

Fragt den Steidelmüller!

August 1992

Geschichte wiederholt sich nie? Die Frage endet schon
unrichtig, denn wir wissen ja nicht, was an Historie vor
uns, vor den Menschen liegt. Geschichte kennt keine
Vergleiche, da sie ein dialektischer Prozeß ist? Kein
"noch einmal", kein " wie damals bei den "... "unter
der Herrschaft von" ... "als die Gegner..."?

Gerade weil sich ein Prozeß in Zusammenhängen
darstellt, wiederholen sich die Grundtakte, kehren die
gleichen Vorgänge wieder! Allerdings ist eine
"Entwicklung" zu erkennen, sie hat aber die
Menschheit kaum vom Niederen zum Höheren, vom
Primitiven zum Ende – gut - alles gut gebracht.

Alle nur erdenklichen menschlichen Tugenden und
Untaten wiederholen sich, wiederkehrende Exzesse
aller Art und Richtungen nicht mehr zu zählen, nicht
mehr zu registrieren, nicht mehr zu verfolgen, nicht
mehr deuten, wenn, ja wenn nicht das gesamte
menschliche Tatenrepertoire ständig in der Geschichte
wiederkehrte:

Lüge, Heuchelei (eine Schwester der Lüge), Verrat;
Hinterhältigkeit, Gemeinheit, Folter, Totschlag, Mord;
Überfall, Raub, Aggression mit und ohne Waffen;
Peinigung, Verhöhnung, Verächtlichmachen, Diffa-
mieren, Bloßstellen, Anprangern; Kreuzigen, Steinigen,
Verurteilen; Hinrichten, Köpfen, Vierteilen, Rädern,
Verbrennen, Vergasen, Verhungern und Verdursten
lassen, Blenden, Verstümmeln, Pfählen, vor Kanonen
binden, Erstechen, Quälen...

Lüge, Heuchelei und Verrat werden im großen
begangen. Die Welt des 1. und 2. Weltkrieges übt sich
seit der Aufteilung der Welt in Einflußsphären,
Kolonien, Schutzgebiete; Tabuzonen, Demarkations-
linien, besetzte und unbesetzte Gebiete; Weltraum –

Nah- und- Fernzonen, im Verschweigen (passive Lüge), Heucheln und "auf den Putz hauen", und verraten wird der kleine Mann – der eigentliche Mensch.

Der erste Weltkrieg ging von den Serben aus. Panslawistischer Größenwahn, ein Großserbien sollte den Balkan beglücken, " größer und schöner" als die islamische Brut, die erst seit Jahrzehnten vertrieben worden war. Und dazu mußte Österreich – Ungarn ausradiert werden, ein Staat, der trotz vieler Schwächen die Neuzeit auf den Banditenbalkan gebracht hatte. Verbliebene Anarchisten, Terroristen – noch heute als Helden bei den Serben verehrte Mörder und Totschläger – rissen die Welt in ihr bis dahin größtes Unglück. Wohl aber war manches Reich in Schutt und Asche versunken, das phönizische und das römische, das persische und das des Dschingis Khan..., aber nun war es die ganze Welt, die nicht mehr der von gestern ähnelte.

England und Frankreich lohnten es Serbien mit dem Gebilde Jugoslawien, weil von hier aus Deutschland seinen Weg in den Untergang genommen hatte, gemeinsam mit Österreich. England und Frankreich als "Schutzpatron" von Mord und Totschlag, zu der Zeit noch verbrämt als Retter Europas.

Nicht viel später spielten England und Frankreich, vertreten durch Herrn Chamberlain und durch Monsieur Daladier als Schutzpatrone von Konzen-trationslagern, politischen Morden und Folterungen, Judenvertreibungen, Raub, Annexion durch den Nationalsozialismus, Faschismus und Falangismus, die feigen Befürworter eines Friedens mit Hitler.

Der Spuk des "Nationalsozialismus" ist vorüber. Nun wiederholt sich die Serbenrolle. Der Krieg ist nach Serbien zurückgekehrt. Wieder schützen Engländer und Franzosen Konzentrationslager, politische Morde und Folterungen, Vertreibung von Kroaten, Moslems, Bosniern und kleinen Minderheiten, um mit einem devoten Serbien den Balkan kontrollieren zu können.

Seit dem 1. Weltkrieg übt sich die Welt mit Lüge, Heuchelei im großen, ein den Engländern und Franzosen genehmer Balkan, und das alles im Namen des vereinten Europas, jetzt durch Herrn Mitterand und Sir Major lanciert.

Die Engländer kennen den Wert von Konzentrationslagern zur Durchsetzung einer Aggressions- und Entvölkerungspolitik, sie sind schließlich die Erfinder der KZ (siehe Burenkrieg!), wollen sich aber heutzutage selbst nicht mehr die Finger und Hände schmutzig machen! Und die Franzosen sind seit fast einem Jahrhundert geübt in der Regie von Fremdtruppen, sprich: Fremdenlegion, da sie nun fast alle "Kolonien" verloren haben, sind ihnen diese Art Serben höchstwillkommen für die Durchsetzung ihrer Balkanziele.

Wir Deutschen haben da unten nichts zu suchen! Für wen sollen wir irgendwelche Kastanien aus dem Feuer holen? Die Siegermächte beider Weltkriege haben nicht nur auf dem Balkan soviel Dreck liegen lassen (siehe auch Israel / Palästina) bzw. neu angehäuft, daß sie ihn auch selbst abtragen müssen. Verraten wurde wie immer der kleine Mann, ob Kroate, serbischer Normalbürger, Palästinenser, Jude oder Bosnier!

(Ich meine Engländer und Franzosen nicht als Volk, sondern ihre herrschenden Schichten, die "Macher der Politik").

Politik
2. Jahrestag der Einheit: Gedanken am 03.10.92

Es fiel mir gar nicht so leicht, meiner Freude über das geeinte Deutschland abzuschwören: Die Medien legten es aber geradezu darauf an, den Menschen alles, besonders dem Piefke, aber auch alles zu vermiesen! Diese Sch...Überschriften täglich, manchmal sogar zwei am Tage frisch gedruckt, daß einem schlecht werden könnte. Abgesehen davon, stellt sich ja doch die Frage, warum ist die Euphorie gewichen, warum kann man den Ruf >Wir sind das Volk< nicht "mehr nachvollziehen". Die Politiker haben ein gerüttelt Maß daran; sie haben sich nie sachkundig gemacht; allein ihre "Vollkommenheit im Handeln" und enge "Liebesbindung zur Macht" haben fast alles verdorben. Die "Nichtpolitiker" mit Geld, sprich: die Anbeter des Marktes und der "freien" Marktwirtschaft, die mit Hai- und Wegelagerermanier, mit dem "Gehen über Leichen" ihr Kapital, das sie nach dem Krieg aufgestapelt hatten, vollendeten den "Gang nach Canossa" für den Mitbürger im Volk des Ostens.
Was letztere an Ungerechtigkeit, Unkenntnis und Fehlern nicht mangeln ließen, haben erstere in ihrer lange geübten Manier des Auspowerns (zwar Pleonasmus, aber kennzeichnend) "geschafft"!
Ist Herr Rohwedder ermordet worden, weil er seine "Treuhandtätigkeit" auch als politischen (Sanierungs)- Auftrag aufgefaßt hatte, oder hatte er ebenfalls bereits vor Frau Breuel den für "die neuen Länder" folgenschweren Fehler begangen, "rein wirtschaftlich" zu privatisieren? (Was da hieß, "für'n Appel und'n Ei zu verscherbeln, zu Grunde zu richten, als Konkurrenz auszuschalten, was an dem vom "Osten eingebrachten" Wirtschaftspotential hätte gefährlich werden können?)

Frau Breuel hat's ja offen gesagt: "sie habe keinen politischen Auftrag." (So ein kompletter Unsinn!). Wollte Herr Rohwedder mit der Sanierung die Dreckskerle des "Sozialismus" aus ihren Positionen rausschmeißen und mit politisch gesunden Kadern die fünf neuen Länder wirtschaftsfähig erhalten? Dann hat ihn die Politmafia des (oberflächlich) aufgelösten Stasi auf dem Gewissen, eventuell gehört dann die im DDR– Osten geschulte Terroristenszene – Nachfolge zu den Verbrechern. Oder betrieb er das "für'n Appel und 'n Ei - Geschäft" nicht gründlich genug?

Jedenfalls wurde z.B. aus meiner "HO–Industriewaren Berlin" die Universal – GmbH i.G., die mit den alten Genossen schon wieder schwarze Zahlen schrieb, gleichzeitig mit der Übernahme der "Seilschaft" durch >Kaufcenter Köln< zerschlagen.

Hundert Läden leer, Waren verschleudert, Mieten an die Vermieter fielen weg, Steuern der Vermieter dto., Umsatzsteuer auch; das Steueraufkommen aus Lohnsteuer und Grundsteuer und Gewerbesteuer etc. fehlte fortan ebenfalls, also klagt und heult Herr Diepgen eigentlich den Mond an wie ein trauriger Hund; denn das Spielchen ging bei den anderen "Handelssäulen der HO", dem Gaststättenbetrieb und dem Kaufhallenverband; beim VE Gaststätten, bei HO –"Exquisit" beim Konsum Berlin, bei den Großhandelskontoren usw. usw. genauso!!! Reiner Zufall? Mit der gesamten Industrie, ob Leicht- oder Schwer-, ging es ganz und gar im gleichen Sinne. Die Konkurrenz war ausgeschaltet, und die "Westumsätze" stiegen um 30% und mehr. Abmachungen zwischen Konsumgenossenschaft und Gewe ließen die Preise im Osten klettern, die Leute mußten kaufen, da der "Konsum" generell der einzige Einkaufspartner im größeren Teil der ehemaligen DDR für den Bürger war. Die Industriewarenanbieter anderer Art kamen nicht in die Verträge (da waren ja die alten Kunden wie Karstadt, Hertie, Quelle...) oder mußten weit teurer bezahlen. Wer den Winterschlußverkauf 1990/91 gut beobachtete und z.B. KONTEX–Kaufhäuser Wilhelminenhofstraße, Bölschestraße, Anton-Saefkow-Platz befragte, dem konnte das nicht entgehen, Verkäufer(innen) und Objektleiter(innen) bestätigten o.a. einhellig, daß die Ostpreise für den Kunden um 50% höher lagen.

Und was hatte das Fernsehen z.B. aus Königs-Wusterhausen zu berichten? Ein älterer Herr, befragt, was er heute, am 14. Juli 90, 2 Wochen nach der Währungsunion zum Handel und zum Einkauf in "seiner Verkaufsstelle" zu sagen habe, antwortete: "Leere Regale und ein leeres Portemonnaie!" (Gewe – Managerpolitik zum Käuferzwang über hohe Preise!)

Die Politiker: Sie ließen die Dreckskerle aus SED und Stasi und den ihnen angeschlossenen Positionen ungeschoren! Die westdeutsche Wirtschaft ließ das auch ungeschoren: > Kaufcenter Köln < ist ein typisches Beispiel (von Tausenden), selbst die SED – Sekretärin der ehemaligen HO – Industriewaren ist zur Chefsekretärin aufgerückt! Wo sitzt heute das Vorstandsmitglied Industriewaren der Konsumgenossenschaft Berlin, ein widerlicher SED – Dreckskerl, ein arroganter Nichtskönner? Bei Stiller als Direktor! Das Fernsehen hat die Reihe der Aufdeckung solcher "Gerechtigkeiten" fortgesetzt, und erst diese Institution hat die Justiz aus dem "Schlaf" gerissen (oder aus der wissentlichen Vertuschung?), denken wir nur an das Robotron – Stasi – Unternehmen und seine "fetten" Mitarbeiter, die heute die Riesengehälter einstecken, während der Rentner die Pfennige vorgerechnet bekommt.

Wenn der vielgepriesene "Rechtsstaat der Bundesrepublik Deutschland" sich auf diese Weise eingeführt hat, dann fragt man sich: "Warum hast Du Dich zu DDR – Zeiten gegen Kommunismus und Willkür eingesetzt? Warum warst Du so blöd, um nicht mitzuschwimmen in dem Staat der Menschenrechtsverletzungen, des Wahlbetruges, der Maulkorbgesetze, der Diktatur und des Mauerbaus?

Heute wird das "DDR – Recht" herangezogen, um Menschen des Widerstands zu rehabilitieren oder auch nicht! Wenn "DDR – Recht" gilt, dann war die DDR auch ein Rechtsstaat – wozu dann die Revolution? Das schlägt seinen Opfern ins Gesicht!

Rentenreform – so ein rechtsstaatliches Instrument! Seit November 91 bin ich ohne Rentenbescheid, seit dem 1. Februar kriege ich gönnerhaft einen Vorschuß auf die Rente (Formel: echte Arbeitsjahre x 20), obwohl mir die volle Rente zusteht! Ich solle mich an die Sozialhilfe wenden, wenn ich nicht auskomme! Was ist das für ein Minister (Arbeit und Soziales), der sich nicht ausrechnen kann, daß seine "Reform" mindestens zwei Jahre zur Durchsetzung braucht, der also die Leute "hängen" läßt, die 960,- Mark – Grenze für Ehepaare einführt, damit sie auch nicht zu viel Geld bekommen, die vorher ihr Geld, ihren ersparten Lebensverdienst zur Währungsunion halbiert bekommen! Dieser Mucker heuchelt, ein soziales Gewissen zu haben – aber das sieht er nur durch seine "Kassenbrille" – und balbiert die Menschen "über den Löffel".

Und wie geht die Gerechtigkeit auch auf anderen gebieten "unbeirrt" ihren Weg? In Sachen Wiedergutmachung und Rehabilitierung ! Da blüht die Bundesjustiz. Sie leistet sich da Kapriolen: Sie macht DDR – Strafrecht zum Maßstab aller Dinge!

Da wird einstimmig abgelehnt, ohne die betroffenen Menschen überhaupt anzuhören, da werden Einwände, Rechtfertigungen, Hinweise auf die "gesellschaftlich notwendigen" Verurteilungen gar nicht erst herangezogen und überprüft! Was sie können, ist formal entscheiden, das ist aber keine Rechtsprechung, das ist öffentliches Theater! Man hat den Verdacht: Es darf nicht zuviel kosten, was man als "Schnee von gestern" bezeichnen kann. "Die Mörder sind unter uns!" Dieser Satz gilt nicht nur nach 1945.

Wenn ich bis jetzt schon nicht mehr an Gott glaube (ob an den katholischen von seiten Vaters her, an den evangelischen aus Mutters Familie, obwohl sie uns das Glauben, die Hoffnung, den Optimismus, die Rechtschaffenheit, das Dulden und Ertragen, das Überwinden von Enttäuschungen, Rückschlägen und Schicksalseinbrüchen vorlebte, unsere gute Mutter!), dann ist das Schlimmste das verlorene Vertrauen in die Regierung!

So ist die Hoffnung auf Gerechtigkeit, die ich selbst in einsamen Gefängniszellen nicht aufgab, jetzt am Ende ihrer Kraft! Verbrecher laufen ungesühnt herum; Bereicherung, Bestechung, Erpressung u.ä. sind an der Tagesordnung; Vorbilder werden enttarnt, Betrüger entlarvt, aber die meisten leben gut – sogar bestens weiter als Anwälte, Direktoren, Geldmacher, "Saubermänner", wenn sie ins öffentliche Vergessen geraten sind.

Die alten preußischen Tugenden sind passé. Die skrupellosen Geschäftsleute zählen heute am meisten; sie setzen die Daumenschrauben an, selbst ihre hochtrabenden Aushängeschilder "Mannheimer.." "Barmer.." mit den tausenden Versprechen! Die "Bank Ihres Vertrauens..." "Mit diesen Steinen können Sie bauen...", "Allianz fürs Leben..." oder ähnliches lassen ihnen keinen Platz für Scham.

Und diese Cliquen aller europäischen Staaten sind zu feige, das Morden auf dem Balkan zu beenden, obwohl sie alle Mittel dazu hätten: Fachleute, Geld, Waffen wie Flugzeuge, Panzer, Kanonen, Kriegsschiffe, selbstzündende Raketen. Weg mit dem Dreck der politischen Mafias! Haut ab! Laßt uns in Frieden leben auf dieser Erde und in unserem Deutschland. Hatte das Ende der DDR die Erregung auf einen Siedepunkt gebracht, so ist sie nun einem angenehmen Gefühl der Befreiung gewichen. (Zwar ist auch die Freude dahin, da ja die Verbrecher – "die Mörder" – noch unter uns sind, keiner mehr nach ihrer Bestrafung ruft.) Man geht aber ungezwungen durch die Straßen und auf Gespräche ein, man sieht sich nicht mehr um, man flüstert nicht mehr, und keiner kann kommen und sagen: "Was haben Sie eben gesagt, warum diffamieren Sie den Staat, warum torpedieren Sie den Aufbau des real existierenden Sozialismus!?" Keiner kann einen mehr dem Staatssicherheitsdienst ausliefern, den Bütteln in die Hände spielen, keiner kann mehr Stasi – "Haftrichter" und Sklavenhalter darstellen, es gibt keine Zellen mehr für gezeigte Gesinnung, man ist nicht mehr länger dieser geheimen Macht ausgeliefert, die mit einem tun oder lassen kann, wie's beliebt!

Aber das vergessen die Menschen schnell! Wer die Qualen der Einzelhaft, die Ängste von jahrelanger Einsamkeit hinter dicken Mauern --bespitzelt und bewanzt – nicht kennengelernt hat, soll gar nicht erst mitreden! Dieser Irrsinn "Wenn wir doch die >Mauer< wiederhätten, wenn doch die DDR mit ihrer Ordnung wieder da wäre...", den können nur Opportunisten, Mitläufer und Liebediener der Vergangenheit von sich geben! Solche, die ihre fetten Ärsche durch Privilegien warm halten konnten, die ihre Würde an den SED – Staat verpfändet hatten und alles für sein marodes Ausdauern getan hatten!

Es gab wohl nie so viele Idioten, Chaoten, "Autonome" in Deutschland wie jetzt. Zerstören, Demolieren, Beschmieren können sie bestens; von der Gesellschaft leben, ohne selbst etwas zur Schaffung der Werte zu leisten; anarchistische Parolen rausgeben ist ihre "Stärke", ihr Menschsein verleugnen ist ihr A und O. Wer ihnen aber nichts anderes abfordert, keinen Zwang anwendet wie bei Gestörten – die keine andere Methode begreifen – ist schuld an der Auflösung dieses Teiles der Menschen, an dem Rückfall in die Zeit des Australopithecus.

Politik

Der Bundesjustiz (das Rehabilitierungsprogramm betreffend) ins Stammbuch 14.10.92
Rehabilitierung 1989 - 92
Die bundesdeutsche Rehabilitierungsjustiz klammert sich an das DDR – Recht! Da sah u.a. so aus:
Man hatte mich seit 1981, ziemlich direkt aber seit Oktober – November 1983 "auf dem Kieker", die Kaderakte war vom MfS angefordert worden (Zeuge: mein Betriebsdirektor-Werbung). Der sehr rege Brief- und Postverkehr mit Westberlin und der Bundesrepublik Deutschland, darunter eine Adresse besonders, hatte in der Zwei–Millionen-Stadt Berlin, Hauptstadt der DDR, Aufmerksamkeit erregt (erstaunliche Kleinarbeit, was?).
Ganz legal wurde ein etwas dicker Brief (!) an Gerhard S. in München auf dem Postamt Berlin–Oberschöneweide (von wem da wohl?) zurückgehalten: ... "wegen Verdachtes, einen Verstoß gegen Postgesetze wie Postweltvereinsvorschriften,... Verstoßes gegen das Verbot der Versendung von Dokumenten, Ingenieurzeichnungen, Urkunden etc. unternommen zu haben".
"Zur Überprüfung Sendung an den Zoll der DDR, Berlin–Ostbahnhof, Abt. "Postvereinbarung mit der BRD...".
Selbstverständlich war nichts dergleichen in dem dicken Brief, aber seine Blätter wurden ja auch gelesen (obwohl das nun wieder gegen das Postgeheimnis verstieß!) und... wegen seines antisozialistischen Inhalts, gezielt auf die DDR, "um ihr Schaden zuzufügen", den staatlichen Organen, sprich: Ministerium für Staatssicherheit, übergeben.

1981, Anruf auf der Arbeitsstelle: "Herr Sommer?" "Ja." "Wann kann ich mit Ihnen zusammentreffen?" "Warum? Woher haben Sie denn meine Nummer?" "Das tut nichts zur Sache! Hier spricht Postrat Schulze (ich verstand >Forstrat<), also wann?" "Na hier, auf der Arbeit!" "Haben Sie einen separaten Raum, in dem wir ungestört reden können?" "Ja, wenn's sein muß?" "Ja, das ist wichtig! Also, bis..., da kommen wir!"

Sie kamen mehrmals, einer der beiden blieb meist in geraumer Entfernung – mit der einen Hand in der Aktentasche – stehend oder sitzend.

Endeffekt? Ganz legal, davon steht aber nichts in den Akten zur Inhaftierung, meine Herren Rehabilitierungsstaatsanwälte und – richter (!!), wurde ich morgens um 7 Uhr festgenommen – vorläufig versteht sich – und über die Zentrale des MfS in der Magdalenenstraße nach Hohenschönhausen, Genslerstraße, Haftanstalt des MfS, gebracht.

84. Auch von nicht genehmigten Fotografien in meiner Wohnung, die mit Tochter Claudia und Ehefrau Helga geteilt wird, steht nichts in den Akten! Selbst der gemeinsame (!) Wohnraum kam aufs Bild! Sippenhaftung?

Auf "Genehmigung zur Hausdurchsuchung" wurde großer Wert gelegt, sie wurde vorgezeigt, drei Zeugen aus dem Wohnhaus hinzugezogen – "wie's sich gehört" in einem Rechtsstaat (!) – auch das Beschlagnahmungsprotokoll als Durchschrift hinterlassen.

Aber eben die erwähnten Fotos, die fielen unter den Tisch, blieben bei der Bundesjustiz!

Darum sollten Sie, verehrte Leute der Justiz, die Antragsteller für eine Rehabilitierung vorladen, sie eventuell unter Eid nehmen, um überhaupt eine Ahnung vom Recht in der DDR zu haben!

Ihre formale Rehabilitierung, die zu bestimmten Anträgen der Betroffenen "einfach so" einstimmige Ablehnung, z.B. zur Rückgabe der Fotos und Negative aus der Hausdurchsuchung , beschließt, ist anmaßend und geht in die Irre, denn wenn DDR–Rechtsprechung Recht war, also auch richtig war, dann war die DDR ein Rechtsstaat, dann ist alles auf den Kopf gestellt, dann laßt uns die Mauer wieder bauen.

Das alles paßt ins Vereinte Europa! Ich schäme mich, ein Europäer zu sein, weil ich ohnmächtig nur – Mittäter an Mord, Totschlag, Vergewaltigung, Zerstörung, ethnischer Säuberung, Ausradierung balkanischer Kultur und Geschichte und Dulder der Kommunistenschweine und Kriegsverbrecher aus Serbien und Montenegro sowie deren begonnenen gemeinsten Aggresionskrieg gegenüber Alten, Frauen und Kindern und verbrecherischen Verstöße gegen alle Konventionen der Völker gegen Krieg und Feigheit von Armeeangehörigen aber für Einhaltung der Menschenrechte bin!

Aber da können alle europäischen Regierungen ruhig schlafen, und die Tätigkeit der "ehrenwerten" Vermittler ist nur ein beschämendes Feigenblatt. Ich sage es jedem Regierungschef ins Gesicht: "Mir wird übel von Euch immer grinsenden, geschniegelten und gebügelten Ehrenmännern!"

(Selbst wenn Ihr vielleicht etwa schon im Frühjahr 93 – nach 1 ½Jahren – Euch entschließen solltet, über WEU oder NATO oder EG ein paar Schritte in die richtige Richtung zu tun!)

Der "Piefke"

Ja, der Piefke ("kleine Mann") liest und hört vom Urteil zu Honeckers glorreicher Parteitätigkeits- und Regierungsglanzzeit, möchte, daß der kleine Trommler und Flötenspieler aus dem Saarland doch dort geblieben wäre, für seine zehn Jahre Zuchthaushaft entschädigt worden wäre und daß er dann weiter hätte Dächer decken sollen! Aber er mußte doch der Lakai gewesen sein schon damals bei den Kommunisten im Saarland–Fotos zeigen ihn meist als einzigen in "vorschriftsmäßiger" Thälmannuniform in der Gruppe von Musikern – und ein willfähriges Werkzeug bei den FDJ- und Ulbrichtleuten, sonst hätte man ihm den Mauerbau (leider zum eigenen Untergang) nicht anvertraut.

Sein blinzelnder Blick, sehr schwer zu deuten, fing sogar die jüngste Abgeordnete des "Demokratischen" Magistrats von "Groß – Berlin", Margot Feist, damals im Zeitalter des Liebkindmachens bei Stalin ein. FDJ-Ehe auf ewige Zeiten, vergleichbar mit seiner Treue zu Walter, den er Anfang der siebziger Jahre eiskalt hinter sich herdackeln ließ und dem er die Worte in den Mund legen ließ "...der teure Tote wünscht, daß die "Weltfestspiele der Jugend und Studenten 1973" ohne Störung zu Ende gehen mögen..." Mit Hast wurden dann an einem Montag auf einer Lafette die sterblichen Überreste des Frontagitators im vordersten Graben an der Ostfront, des Leipziger Zwielichtmannes, des Diktators und Parolenschreiers "Überholen ohne Einzuholen" (1958) auf Nebenstraßen weggeschafft; "Ulbrichtstadion" wurde zum "Stadion der Weltjugend" umfunktioniert, und aus war's mit "Jedermann an jedem Ort jede Woche (zwei-) dreimal Sport!"!

Ja, der sitzt nun in Chile, der größte Politiker und seine Vasallen winden sich hier in Deutschland, halten bisher fette Pfründe, werden aber wohl doch "Stück für Stück" entdeckt, und sei es auch nur vom Fernsehen, da ja die Regierenden eigentlich ratlos sind, die kleinen Leute bestrafen, begnadigen oder auf "Bewährung" richten, entlasten oder streng verurteilen! Die Stasidreckskerle haben ja meist eine tolle Ausbildung, die Marktwirtschaft ist kein richtendes Organ , sie geht nach Profit um jede müde Mark. Und die Damaligen von ganz oben sind wahrscheinlich mit bundesdeutschen Patrioten verstrickt.

Honecker wurde aus sehr verschiedenen Gründen weggeschickt, und mit ihm hätten die "Experten" wohl viel ausspucken können – nun ist "Honi" weg und sie selbst sind an ihre geschworene Schweigepflicht gebunden. (Sollte "Erich" nicht am 08.02.1993 zurückkommen, um...??)

Nun ist mein Antrag auf Rehabilitierung zum 4.Mal zurückgewiesen worden: "Nach DDR-Recht wurden Sie zu Recht verurteilt!" Ob meine Staatsverleumdung damals provoziert wurde, warum dieser "Kommunist" Lembke mir übern Weg laufen mußte, warum "Bonze, Kommunistenschwein" Beleidigungen für diesen Selbstherrscher im Bereich der "Gaststätte der 1000 Plätze" am Friedrichshain, für diesen groben Schläger und Leuteschinder (mit Betrug am Stecken) waren, ist mir bisher ein Rätsel geblieben.

Sind Gesetzesverfasser so weltfremd, so naiv und andererseits wieder so gerissen, daß sie sich mit einem neuen Gesetz wie den "Rehabilitierungsparagraphen" so wenig wie möglich zusätzliche Arbeit auf den Hals laden wollten? Sie schließen Vorladungen zur Zeugenvernehmung für die Opfer bzw. Antragsteller meist aus, sie hören sich den, der um sein Recht kämpft, erst gar nicht an. Die Vertreter der Justiz sind Formalisten "Ersten Grades", nutzen weder Leumunds-aussagen noch Lokaltermine, schieben die "langen Zeiträume" seit "damals" als Ausrede vor, gehen nur nach einem "Recht an sich" vor und beachten weder die Persönlichkeit noch die vorausgezahlte Rechnung als Opfer, die jene "Blödmänner" eines Widerstandes gegen die DDR erbrachten! Nicht einmal Zweifel an der Rechtsprechung der DDR sind im Reha–Prozeß eingeräumt! Alles wird wortwörtlich geglaubt, ohne die leiseste Kritik oder Hinterfragung übernommen. Weg des geringsten Widerstandes ist die Parole (?) der Gesetzesmacher, und es darf "beileibe" nicht zu viel kosten, was da zur Aufbereitung ansteht! Das alles ist so flau wie die Gesamthaltung der Regierung; man denke z.B. nur an die Währungsunion: Stichtag ja, Stichtag nein, Stichtag jein...,z.B. an das Palaver um ein Einwanderungsgesetz (das ernstlich nie in Erwägung gezogen wurde), an die Asyldebatte, z.B. an die Beteiligung deutscher Soldaten zur Beendigung von Völkermord oder zur Friedenserhaltung, z.B. an eine Position Deutschlands, die auf Selbstvertrauen baut und gegen die ewige Verleumdung unseres Staates von allen "möglichen und unmöglichen" Schreihälsen, die feste Stellungnahme beziehen sollte, z.B. an das Vorsichherschieben wirtschaftlicher Probleme bis eine halbe Minute nach 12.

3.10.93

Die Treuhand hatte noch nie meine Sympathie! Diese Verräterorganisation, aus der "DDR" hervorgegangen, gespeist von den Gedanken, alles in den Ruin zu treiben, um dem einigen Deutschland zu zeigen, wie man Einigkeit hintertreiben kann, die Politik der Zwietracht nach dem 8.Oktober 1989 bis zum Exzeß in vollen Zügen genießen kann.

"Sanieren" heißt ihr höhnisches Vermächtnis, die Menschen in den Abgrund – den sie selbst geschaffen haben und fortwährend weiter schaffen - zu treiben. Alle dreckigen Schliche der "freien Wirtschaft" nutzend, spielt sie den Osten gegen den Westen aus, bei dem die gewaschenen Gelder im Überfluß vorhanden sind. Der Ostler ist billig, er bekommt nur ein Drittel bis ein Fünftel der "Abfindung" des Westlers, folglich lohnt sich die Zerstörung von Arbeitsplätzen im Osten – den Westen muß man vorrangig erhalten!

Plädoyer für Deutschland

Heute am Jahrestag der Einheit 93 Deutschlands weint die – gestern noch so sonnig – warme und trockene – Natur. Ein großes Trauerspiel läßt die Tränen laufen: Wir haben unsere "Mitte" bisher nicht wiederfinden können! (Bei den Polen ist das ganz anders, hat neulich ein deutsches Kriecherarschloch postamentiert. Hitler habe die ihrige zerstören lassen; darum bauten sie ihr Schloß originalgetreu wieder auf..). Weder die Schwachköpfe der Regierung noch die, denen man doch ein wenig gesunde patriotische Gefühle und Gedanken zutrauen könnte, haben wenigstens ihren eigenen Beschluß (Schnur) auch nur annähernd in Taten umgesetzt! Sie schmeißen Millionen vor die Säue; mit einem Aufbau des Schlosses würden sie sich kein Gramm fette Ernährung vom Munde absparen, sie würden aber ein Zeichen setzen, daß wir uns unsere "Mitte" wiedergeben und endlich Ost und West vergessen könnten! Ein Symbol braucht man, ein Fanal! Mehr wäre es ja nicht, denn die echte Mitte gibt's ja nicht mehr, die hat uns Stalin im Einverständnis mit allen "Demokraten" dieser Erde durch Abhacken der einen Schulter samt Arm und Brustkorb unmöglich gemacht: Ethnische Säuberung in Tateinheit mit Landraub, Mord und Totschlag, Vertreibung...

Ein großes Trauerspiel läßt die Tränen laufen: Die Verbrecher an den Deutschen in der DDR laufen frei herum, alle Stasi- und SED- Dreckskerle weiden sich schon wieder an fetten Pfründen und ihre Sympathisanten wie Diestel und Konsorten auch; im Verbund mit der Vereinigungskriminalität haben sie sich getarnt oder offen die besten Stücke aus dem großen Käsekuchen genommen, Seite an Seite mit den Haien aus der Moral–Mafia der deutschen Lande "westlich der Elbe".

Ein großes Trauerspiel läßt die Tränen laufen: Die großen Manager, die high–tech–ausgerüsteten überheblichen Wirtschaftskapitäne westlicher "Prägnanz" sind wie Brueghels sieben Blinde in die Einheit gestolpert – ohne "Wenn und Aber" dem "freien Markt" ergeben, einem Wunderglauben erlegen, das freie "Spiel der Kräfte" zu erstreben – "freien Lauf" lassen - eben!

Ein großes Trauerspiel läßt die Tränen laufen: Der "Rechtsstaat" läßt sich seine Rechte nehmen. 6,5 Millionen Ausländer vollführen im Durchschnitt der Jahre seit 89 ca. 40% aller Verbrechen; Chaoten dürfen die Bevölkerung als "Autonome" oder "Neonazis" schikanieren, 75 Millionen müssen sich von der

Minderheit, die nicht einmal 5% ausmacht, Angst und Schrecken einjagen lassen. Aber die "Oberen" schwafeln die Gefahr herunter, heucheln und besänftigen – wohlweislich ihr eigenes Umfeld gut behütend!

Ein großes Trauerspiel läßt die Tränen laufen: Die Reichen werden reicher, die Armen immer ärmer. Wir haben 3,5 Millionen Arbeitslose, 1,5 bis 2 Millionen Streuner, Säufer, Gestrauchelte, Obdachlose, der Kriminalität anheimfallende Menschen, Ja!!! Das sind alle auch Menschen, auch wenn sie dreckig sein mögen, nur noch'n großes Maul haben, sich 'nen "Joint" geben, unter Brücken leben oder mit grauen Augen in die Umgebung starren!

Ein großes Spiel läßt die Tränen laufen: Freudentränen sind bei den Wehmutstränen dabei. Kein Stasi– oder SED–Dreckskerl kann dich mehr ins Zuchthaus bringen! Wohl aber können dich Justiz und Behörden hinhalten mit der Gerechtigkeit, die sie leicht vergessen! Sie möchten ganz schnell die lästigen Widerständler aus DDR–Zeiten loswerden:"Schnee von gestern". Der Gesetzgeber hat schon dafür ge- sorgt, daß die Wiedergutmachungsbäume nicht in den Himmel wachsen.

Reisen kann man! Fahren, wohin man will.

Kaufen kannst und magst Du, was Du willst, alles ist da. Aber das Geld "verreckt"! Geldschneider, solche, die über Nacht Millionäre werden wollen, schröpfen Dich! Sei auf der Hut, bevor Du weinen mußt! Hau auf den Tisch, ehe sie Dich unter den Tisch prügeln mit ihren Tricks und Drehs.

Das Fazit aus drei Jahren Einheit? Es mag vielen pekuniär besser gehen, aber Verantwortungsgefühl, Wahrheitsliebe, Vertrauen, Treue, Anstand, Mitgefühl, Uneigennützigkeit sind dahin; darum schmieren sie es an alle Wände "Nie wieder Doitschland", "Deutschland verrecke"; denn dann müßten sie es wieder lernen , was Mensch – Sein heißt.

Wer ist Frau Baron?

Wird mit einer ¾ Seite über sie die Serie "Schmeicheleinheiten" für die Leute fortgesetzt, die immer schon "dagegen" waren, obwohl sie mit dem Stasi verdächtigen Kontakt hatte? (Bloß weil sie Tochter des ehemaligen DDR–Innenministers war?) Die das "Schlimmste verhütet" hatte, selbst aber oben auf der "Fettbrühe" schwamm(?).

Die Herrn Gysi und Herrn Bisky sehr nahe stand und steht, obwohl auch bei denen die Stasi wohlwollend agierte(?)

Herr Lakomi, Horst Drinda, "Heinz der Quermann", viele andere, wie Schauspieler des "Berliner Ensembles" werteten das DDR–Regime auf; Hans Müncheberg, Fernsehmann der DDR, Peter Ensikat, in der ganzen DDR aufgeführter Kabarettist und Lessingpreisträger der DDR, schreiben "dicke Bücher", die FDJ war ihr Jugenddomizil ...

Wer schreibt über so ein armes Schwein, das 10,15,20 Jahre hinter Gittern saß in dieser Deutschen Demokratischen Republik?

Europäer

Europäer, das ist ein Sammelbegriff für Wohlhabenheit von Auserlesenen, die auf Kosten und Knochen anderer Menschen und Erdteile leben. Das ist der Inbegriff der Feigheit vor Hitlers Weltunterjochungsplänen, der Inkonsequenz, sie durchkreuzen zu wollen aber nicht zu können. Das ist der Inbegriff einer Wiederholung der Feigheit vor dem Machtmißbrauch der Serben, der völligen Inkonsequenz etwas zu tun, die Menschenrechte zu verteidigen. Deutscher, das ist etwas Schwammiges für die Zeit nach 49, völliger Ratlosigkeit nach 89 und kommt dem Italiener nahe, dem Anhänger von Korruption, Betrug, Bereicherung der Leute an der Quelle, sprich: Regierung, des Winselns und Finden des Weges des geringsten Widerstandes. Nur eines haben die Italiener besser gemacht, sie haben "Flüchtlinge" vertrieben und das unter dem Angesicht der Welt, obwohl sie doch die Faschisten waren, die sich so etwas gar nicht "leisten" konnten.

Die Deutschen entschuldigen sich tausendmal vor sich selbst, zahlen Gelder an die Welt bis zur Selbstaufgabe, beteuern, sie hegten keine Fremden – und Ausländerfeindlichkeit, brauchten allerdings nur konsequent genug zu sein, alle Verbrecher aus dem Ausland rauszuschmeißen und ein Einwanderungsgesetz zu schaffen, das dem Aufnahmevermögen des Landes entspricht! (Die USA haben so etwas und noch andere Staaten!) Denn das politische Asyl haben die Väter des Grundgesetzes für die aus Deutschland östlich von der Oder und Neiße, aus Polen, der Tschechei usw. vertriebenen Deutschen geschaffen, sonst wären diese armen Menschen auf der Straße unter blauem Himmel verreckt! Das Einstehen füreinander war noch nie Stärke der Deutschen – jedenfalls nicht freiwillig! 50 Jahre nach Kriegsende ist der Begriff Deutscher auch noch der des Feiglings.

Vorspann zu Gran Canaria

Du bist Privatmann, alter Junge. Kümmere Dich doch nicht Dein ganzes Leben lang um Politik. Genieße Deine ollen Jahre und beruhige Dich. Was kannst Du noch ändern? Schreib Deine Gedanken nieder, kühl und registrierend. .Achte darauf, daß Sonnenschein, Blumen und Blüten, das Grün in vielen Varianten, blitzblaue Teiche und Seen, kleines und großes Getier um Dich herum den Tag verschönern und Du nur hinzuschauen brauchst, um Dir alles anzueignen und das Auge zu erfreuen. Dein Jahrgang 27 darf endlich zur Ruhe kommen! Greif bei jeder nur passenden Gelegenheit zu und verwirkliche Dein Vorhaben, die Welt zu erobern mit Aug und Ohr, Herz und Hand, Kamera und "Wanderstock": Gardasee und Solferino, Tschechenland, Österreich; auch den Norden nicht vergessen mit Hafen und Schleusen, großen und kleinen Pötten, Ebbe und Flut und kröne alles mit dem "Heiligland", Helgoland! Die Jugendträume werden wahr und reichten sie bis Gran Canaria und Südamerika! Weihnachten im Lande des ewigen Frühlings zu verbringen, ist wohl reizvoll.
Den ganzen Süden dieser Welt wird man in Miniaturformat auf der großen Insel der Canaren erleben. Da – wo es regnet – ist die üppige Vegetation Brasiliens; drei Ernten in einem Jahr. Mandelbäume tragen Blüten, Früchte und Knospen zu gleicher Zeit, die Kakteen blühen, Palmen haben hier Datteltrauben, dort leuchtende Blütensträucher, und in einem Atemzuge kannst Du den Weihnachtsstern als Baum, die Bougainville und den Hibiskus aller Farben in vollster Pracht nennen: Leuchtende Kaskaden überschütten Mauerwerk, Zäune und Wände der Häuser.

Deine Gedanken gehen ruhigere Bahnen in dieser Umgebung und es fällt Dir hier und da auch gar nicht so schwer, spanisch zu denken – Worte und Wörter der Kindheit steigen aus dem Vergessen, wenn die Leute hier sich etwas zurufen oder Du Geschriebenes liest: "Leche de almendras, Dulce de Batatas,... de Membrillo...".

Gran Canaria

Nachdenken, es ist wohl die Zeit dazu, wenn nach dem tausendfachen Etmal der Lebenskahn tatsächlich in ruhige Gewässer gekommen ist. Wenn Du auch manches falsch gemacht, Deinen Willen oft gegen Fehlschlag verausgabt hast, so mußt Du ja nicht weiterhin viele Fehler programmieren.

Und Reisen kann wohl mehr Gutes als Unnützes bringen, Gran Canaria soll über Weihnachten herrlich sein.! Also los, dem Ungewohnten entgegen, als Weihnachtsbaum vielleicht eine blühende Agave oder ein künstliches Gebilde aus dem Erzgebirge oder Sebnitzer Land, wo der Mensch die schönsten solcher Art herstellt.

Auf der Insel des ewigen Frühlings wird die winterlich getrübte Seele lichte Höhen und seltene Blumen in sich aufnehmen. Und die eine der Inseln – obwohl nicht die größte – Gran Canaria genannt, wird in vier Stunden Flug Richtung südwest angesteuert. Ein paar Turbulenzen verzögern die Geschwindigkeitsfresserei und der stolze Germania–Vogel muß kämpfen, zittert und wackelt dabei in unterschiedlicher Stärke. So werden's fünfeinhalb Stunden, bis der Flugplatz von Las Palmas als Küstenstreifen sichtbar wird. Weiße Brandung trennt blaues Meer und braunes Land.

Viel zu selbstverständlich nimmt man die treuen Dienste der Menschen, die die Tätigkeit in der Luft zu ihrem Beruf machten. Und man schaut sogar oft auf die Uhr, wird ungeduldig, weil ja vier Stunden "versprochen" waren!

"Auf Wiedersehen"!"Good bye"!, ¡ Adios!, ; Hasta la vista!, "¡ Muchas gracias"!

Gekrabbel, Stimmengewirr, Bussuche nach ein paar freundlichen Worten mit den Einreisebehörden–Vertretern; Gepäcksuche war erfolgreich, und die Freude, etwas Neues zu sehen, nimmt Platz – ab geht's!

Mensch, ist das hier alles trocken, felsig, brüchig – ohne Vegetation, wie's scheint. Und die Autobahn Richtung Süden wird aufgefressen Kilometer um Kilometer. Da liegen blanke große Flächen an den Hängen, und der TUI – Mann spricht von Tomaten unter Folie, großen " Gewächshäusern".

Immer wieder ist das Meer der Begleiter, hoch wie eine Wand linker Hand. Zur Rechten küssen kantige Felsen oder schwingende Grate mit 2 weißen Kugeln und Kegeln darauf die Wolken, mal sind es helle, mal verdunkelt grau–schwarzes Sturmgewölk die Hänge in ausgedehnten "Flatschen". Ein dauernd wechselndes Bild, das wellige Abhänge zeigt, in die Häuschen eingebettet liegen, jetzt ist es dunkles Grün, dann plötzlich blitzt und funkelt es im Sonnenlicht, und sogar Straßenbänder kann man erkennen.

Hausreihen, Balkone, Türmchen, Dachgärten, Badebecken, Wanderer mit Badeutensilien; Pärchen, Bars, Läden, Werbeschriften... alle paar Minuten verlassen kleine und größere Gruppen unseren Bus, und dann sind auch wir nach einigen Stufen vor einem blau – grünen Swimming – Pool.

Ja, Zimmer–Nummer, Personenzahl, Ausweise, Reise-schecks, alles abgehakt.

Mit froher Laune sitzen wir vor unserem Vier-"Mann"-Appartement und saugen erst einmal frische Luft in uns hinein und eine vielfarbige Blütenpracht durch die Iris in die Freudenkammer des Herzens. Es ist schön warm!! Es ist kaum zu fassen: Um uns herum zieht Ferienduft und Goldlametta – Luftzittern über die Hibiskus–Leuchttricher hinweg ins "Tal" - . Palmen, Bougainvillekaskaden wie auf Postkarten, der Faro, das weite Meer – bis zum Südpol durch nichts gestört–

20.000 Kilometer ohne ein Hindernis. Der Atlantische Ozean ist nach siebenundfünfzig Jahren wieder in mein Blickfeld geraten (wie großkotzig das klingt!).

Und alles, was man gelesen hat über dieses Land scheint in Erfüllung zu gehen; die Planzenwelt inmitten der zerklüfteten Vulkanbodenlandschaft ist einem Märchen vergleichbar. Bis zu 1950m steigt das Gebirge an. Es gibt der Insel eine Wetterscheide, die sie in Nord- und Südklima teilt, stark zerklüftet zwar, aber doch eine Barriere. Dann hüllt sich der Roque Nublo in einen Mantel, und die übrigen Felsspitzen verlieren sich ebenfalls im Gewölk, ganze Bergmassive verschwinden, tauchen wieder auf, bedecken sich mit noch dunklerem Wolkengetüm, geben aber auch bald wieder die Sicht frei, um ihr Versteckspiel "auszukosten". Die zwei weißen Kugeln oder Kuppeln irgendwelcher Stationen ganz oben auf dem Kamm machen das Spielchen mit. Und dann ist der ganze "Zauber" vorbei, und wieder lächelt Gran Canaria und gibt die Sicht frei bis zum Teide mit seinen 3500m Höhe auf Teneriffa, dem ewigen Frühling seinen Tribut zollend.

Wer die Einsamkeit sucht, findet sie allenthalben, wer Abwechslung braucht, muß sie nicht lange aufspüren, wer gerne ein paar Stunden fliegt, um dann sein heimatliches Nachtleben fortzusetzen, soll es tun – er wird hier nichts vermissen. Von der Sahara hergewehte Dünen, stets selbst mit den Winden wandernd, von Palmen umsäumt, vom Rauschen des Meeres begleitet, krönen den Süden, da wo der Faro seit altersher seine Feuer die Nacht erhellen läßt bis weit nach Osten, den Badehungrigen, Nudisten und Minikini–Schönheiten, den Strandwanderern und Schaulustigen Labsale aller Art bietend.Über karge Felsengesteinfelder, die zwischen Braun und Rot die Tristheit verkörpern, geht es bergan, und ungezählte Straßen- und Wegbebänder geben einem einen Maßstab für die auf Schritt und Tritt sich verändernde Vegetation. Hohe Kakteen hier, oasenartige Palmenhaine und Apfelsinen– Mandarinenplantagen dort; da, sieh hin! Steppengräser und geduckte Gebüsche und überall das Gefühl, die Natur "in der Tasche" zu haben.

Selbst der Jeep ist nicht an allen Stellen imstande, seine Insassen auf der Fahrt zu erfreuen. Hochbeinig macht er Kapriolen auf den schmalen gerölltragenden Pisten, so daß ein kleinerer Personenwagen eher anschmiegsam wirkt. Je "schlechter" die Wege, um so einsamer die Fahrt. Man steigt aus und ist über die herrliche Stille fast erschrocken! Man hört nicht nur sein eigenes Herz schlagen, wie die Gebrüder Grimm uns mit Worten die Lautlosigkeit fühlbar machen wollten, das Herz hat Aussetzer vor Staunen! Die Sonne "knallt" auf die vielfarbigen Felsvorsprünge, -wände und Klüfte, die Luft flimmert, und als Punkt mit Schwingen nutzt ein Raubvogel die Thermik, die Flügelfedern spreizend oder ineinanderliegend, der Schwanz kippt wie Höhen- und Seitenruder zugleich. Die meisten Barrancas sind ohne Wasser, gleichwohl sind sie bei wenigen Regengüssen die Füllhörner der Talsperren und Staubecken. Es gibt halt schon mal Unwetter, auf die die ganze Insel vorbereitet ist: Auf den Dächern der Häuser Wassersammler, die riesigen Täler an gefährlichen Stellen ausgemauert, in Ansiedlungen wie breite Kanäle mit schrägen Wänden verstärkt. Brücken scheinen widerwitzig über trockenstem "Flußlauf", Treppen –in die Steilufer eingelassen – sinnvoll, um an vielen Stellen sich große Umwege zu ersparen, da man "einfach" die Barranca durchschreitet. Strom- und Wasserleitungen durchziehen die ganze Insel und stellen eine enorme menschliche Leistung dar, die durch eine andere vor Jahrhunderten erbrachte notwendig wurde:

Die spanischen Schiffbauer holzten alle Wälder ab, leisteten der Erosion und Verkarstung einen gewaltigen Vorschub, und da es heute keinen Kienspan mehr zum Leuchten zu finden gibt, kein Brunnen ohne Schwerstarbeit zu erschließen ist, muß die Technik Elektrizität und Druckwasser in alle "Ecken" bringen. In diese mühselige Wirtschaft dringt die Europäische Wirtschaftsgemeinschaft ein, läßt bisher fruchtbare Bananenpflanzungen verenden, da ihre Früchte zu klein, zu fleckig und zu wenig haltbar sein sollen. Die Apfelsinen glänzen nicht golden–orangen genug, und die Tomaten dürfen nicht reifen, so daß sie ihr Aroma nicht entwickeln können. Auch sie sollen der Treibhausprodukten ebenbürtig sein und zwar reziprok: Glatt, nach der "Reise" rot, und in der Größe normgerecht, aber ihren von Natur aus guten Geschmack sollen sie nicht haben! (Da werde einer schlau aus den Experten!).

So steigt die Arbeitslosigkeit, und die Canaren wollen los von Spanien, ein echtes Gran – Canaria – Archipel, das sich selbst verwaltet und ernährt. Die menschliche Sturheit läßt kein Miteinander zustande kommen, die EG–Agrarpolitik ist europäische Besserwisserei und Durchsetzen fragwürdiger Autorität. Europäische Gemeinschaft ist noch lange nicht in Sicht, im Guten wie im Bösen nicht, aber sie scheint auf dem Wege, dem Egoismus und der Unentschlossenheit in der Politik schneller zum Ziele zu verhelfen als den Menschen die Segnungen gemeinsamen Vorgehens und Planens zuteil werden zu lassen.

Heute gedeihen schon wieder Tausende von kanadischen Kiefern auf den Nordhängen der Berge, angepflanzt, gehegt und gepflegt. Und kommt man weiter nach Norden, lächeln die Tropen mit aller Fülle und Pracht. Überall das hat der Himmel den >Pozo de los Nieves< gesetzt, eine Schneeschüssel im Paradies.

Wie skurril die Olivenbäume wachsen und altern, alle Farben in ihren Rinden reden davon. Mandelbäume spielen das "Gewissen der Insel", sie zeigen, ob ihre Natur drei Ernten zugelassen hat in einem Jahr! Die "Götter" spielen nämlich manchmal verrückt.

Die friedlichen Häfen sind von Zyklopen–Molen umgeben. Wenn's mal stürmt, dann aber richtig und sogar gewaltig!

Ja, der Mensch hat gelernt, wenigstens einen Teil der Naturkräfte zu bändigen, aber es wird wohl viel mehr so sein: Sich ein bißchen vor ihnen zu schützen, sich das Gefühl geben, ganz machtlos sind wir nicht.

Wer nun im Norden lebt, lebt feuchter. Auch liegen die Temperaturen ein, zwei Grad Celsius unter denen im trocken–warmen–heißen Süden. Wer also im Wetterbericht hört...Las Palmas so–und–so–viel Grad, der darf getrost ein wenig für den Küstenbereich dazu rechnen. Und solche Ortschaften wie Tejeda "lecken" abwechselnd mal das Nord-, mal das Südklima und profitieren davon auch noch. So gibt's für jeden etwas, dies und das und jenes. Sogar Venedig ist vertreten, Puerto Mogan übt sich darin, hat sogar den Vorteil der Jugend. Wer über Mogan kommt, gerät von einem Kontrast in den anderen, das Vorland von Venedig kann mit dem Felstor, das man hier mit der Straße passiert und mit jugendlicher Naivität der Urlauber und Bewohner nicht Schritt halten. Australische Jachten suchen dieses Sommerparadies auf, friedlich neben brasilianischen Katamaranen und deutschen

"Überseekreuzern" an den gezurrten Leinen plätschernd. Die Geschäftstüchtigkeit ist hier die des Südens, nicht der italienischen Überschwenglichkeit und des Aufdrängelns. Und...man kann sich schnell zurückziehen, ohne den Menschenergüssen ausgesetzt zu sein.

Von Mogan nach San Nicolas de Tolentino erlebt der Reisende Staub, Kurven, Abgründe, Schluchten, Trockenheit, bröckelnde Felsen "Auge in Auge", und wenn er dann die gesperrte Straße nach Artenara "nimmt", muß er schon damit rechnen, nur noch halbe Fahrbahnen zu durchmessen. Hitze und nächtliche Kühle , Sonne und Wind sind die nagenden Kräfte an des Menschen Bauwerken. Haarnadelkurven zehren an den Nerven der Fahrer und mancher möchte umkehren; es geht aber nicht, man kommt aneinander selten vorbei. Auf bessere Straße läßt dann in Richtung Osten, danach in Süden, Südwesten, Südosten ab Ayacata hoffen, daß man am Embalse de Cuero de las Niñas vorbei Sona am gleichnamigen Stausee gut erreicht.

Weit gefehlt, hier hat der Teufel selbst seine Hand im Spiele, um Schwindelfreiheit, Geduld, Geschicklichkeit, ja sogar Mut auf die Probe zu stellen. Aber die herrlichsten Aus- und Einblicke auf canarische strenge Schönheit entschädigen tausendmal, und mit Genuß zieht's einen nach Arguineguin durch den nach diesem Küstenort benannten Barranco, in ihm wechselt die Straße ständig von links nach rechts und umgekehrt über den Lauf eines "Wässerchens", das nur nach Regentagen etwas anschwillt.

Name auf Name – Eigenheiten, Geschichte, Lage und die verbindenden Straßen charakterisierend- bleibt im Gedächtnis, Las Palmas de Gran Canaria bildet einen quirligen Höhepunkt. Hochhäuser, Ozeanriesen,

Frachthäfen, Häusermeer, palmengeschmückte Plazas, eine lange Strandpromenade am Playa de las Canteras, Unter- und Überführungen. Ein Straßenverkehr wie in New York, Fußgängerzonen, Basare, vornehme Ladenzeilen, fliegende Händler, Schuhputzer, Kathedralen, die Casa des Colon oder Kolumbus, spanischer Barock oder Moderne, Warenfülle und Tourismusströme, Markthallen und Kaufhäuser; die Einheimischen "mittendrin", sie beobachten oder ruhen aus am Rande auf Bänkereihen oder zermahlen die Luft mit ihren Autos. Nach Regengüssen glaubt man, die Stadt rutsche mit ihren gelben tosenden Sturzbächen, rauschenden Gullis und zu "Flüssen" gewordenen Straßen von ihren Hängen ab. Das Wasser sucht jede sich bietende Gelegenheit, ins Meer zu gelangen und lange lehmockerfarbene Zungen ins blaugrüne Areal zu treiben, weithin sichtbar, nur die Brandung zerteilt das gezielte Spiel. Der Mann aus dem Süden "flieht" dorthin zurück in die Trockenheit und versäumt es nicht, diesmal über Telde, Ingenio, Aguines, Santa Lucia und San Bartolome de Tirajana Fataya zu erreichen, um von da –aus verschiedensten Sichten– dem südlichsten Punkt der Insel, das große Urlauberparadies Maspalomas, Oasis und Playa del Ingles zu bewundern.

Die moderne Urlaubsunterkunft mit Blick auf den "Faro 2", einen schönen, attraktiven "Leuchtturm" mit reichhaltigen Abwechslungen, guter Küche, Lebensfreude, gibt abends ein Lichtermeer preis, man hat alle Hygiene des verwöhnten Stadtmenschen und wenn man will, kann man sich nach Tageserleben im glasgrünen Wasser des Schwimmbeckens "ergehen". Ein bißchen von diesem, ein wenig von jenem, lustig darf man schlendern, einkaufen, sich etwas in der kleinen Küche brutzeln und dann das Weihnachtsbäumchen unter Licht setzen und die Gedanken frei laufen lassen; denn man ist ungezwungen, hat freiwillig Dezemberdunkelheit und -kälte hinter sich gelassen! Das Telefon verbindet aufs schnellste Urlaubswelt und heimatliche Familie.

Gran Canaria, Dir singe ich ein Liebeslied, mag sein, daß mancher West–Reisende das simpel nennt – so "simpel" möchte ich öfter jemandem meine Liebe eingestehen.

Wahrlich, die Ziele legt man sich immer weiter, Bedürfnisse wachsen am Gesehenen und noch nicht Geschauten – der Mensch ist nun einmal so.

Argentinien

Mancher Wunsch hat zwar keine Aussicht auf Erfüllung; ihn zu hegen ist pure Selbsttäuschung, ihn immer und immer wieder zu beschwören, hat nicht die leiseste Berechtigung in der Umgebung, die zu einem gehört, da reine Utopie, reine Verschwendung an seelischer Kraft und Gedankenarbeit!
Und doch: Mauern sind nicht hoch und fest genug, um nicht doch zu brechen, Tore nicht zu stählern und genietet, Panzern trotzend, den höchsten Verteidigungsansprüchen genügend im Übermaß – sie müssen sich öffnen, wenn das Wollen sich in materielle Gewalt umwandelt, eine Kraft, die keine Schweißbrenner und Sprengladungen braucht: Die sich potenzierenden Wünsche sind ein "Sesam öffne Dich"!
Millionenfache Sehnsüchte und tausendfache Bedürfnisse, Heim- und Fernweh sind die Zauberformel: Nichts hält ewig, nichts ist unvergänglich!
Darum fiel die Mauer. Und nun bekommen Hoffnungen, Wunschvorstellungen Beine, der immer rastlose Mensch setzt sich in Bewegung; sich regen ist Leben; Vorstellung Phantasie , Traum und Aussicht werden lebendig und in Tatsachen umgesetzt...Doch...
Wie so oft, wird das mit allen Fasern des Herzens Erkorene nicht in dem Maße Erfüllung und Genugtuung.
Jahrelang gesund, jahrzehntelang tatkräftig, und jetzt, wo's drauf ankommt, setzt das Herz auf Beben und Zittern, und die Stärke - bis dahin Begleiterin- nimmt rapide ab. Es vergeht eine Zeitspanne der Ungeduld, der viel zu langsamen Heilung, des Schneckenganges zu alten Ufern. Jahre setzen sich aus vielen Monaten zusammen, mühselige Treppenstufen zu früherer Kondition.

Und dann ist es soweit: Argentinien rückt näher, dieser und jener Zufall bringt das vage Bild in klare Sichtweite, und eines Tages steht man auf der Gangway und hat als erste Zwischenlandung London – Heathrow im Plan.

Alles hatte sich wie selbstverständlich aneinandergereiht.

Ich lernte auf einer Bilderausstellung eines deutsch-argentinischen Architekten und Malers, veranstaltet von der argentinischen Botschaft in der Stadtbücherei in der >Breiten Straße<, ein deutsch-argentinisches Ehepaar kennen, wir erfuhren von einander zweck-dienlich–Wissenswertes, und so war eine gemeinsame Reise nach Südamerika ins Auge gefaßt. Leider war die Beschaffung der Flugtickets erst lange nach Weihnachten möglich, da es keine Passagen zurück nach Europa gab: Die Argentinos entfliehen dem Sommer in Richtung Wahlheimat Deutschland über die Zeit bis Ende Januar, also Platznot! Das hieß für uns, dem Februar – Zeit des Urlaubs außerhalb von Buenos Aires für viele "Porteños" – ins Auge zu schauen. Die größte Hitze, die wenigsten Verbindungen und Treffen, da bis März die Schulen geschlossen sind und manche Behörde sich anschließt.

Der Dollar stand günstig im Oktober, so war der Peso – seit Menem im Kurs 1:1 – preiswert, und der US – Dollar war nun einmal das Tor zum Herzen der Einheimischen .

Die Vorbereitungen konnten in aller Ruhe betrieben werden, und das Zusammenkratzen der Gelder auch. Einen Batzen hat ja nicht jeder und auf den "Plutz" zur Verfügung. Meine Españolkenntnisse waren mühselig aufzufrischen, aber der 65jährige Kopf ist kein guter Computer mehr; daher war ich froh, in meinem Mitreisenden einen Ethnologen, ausgezeichneter

Kenner ganz Argentiniens, einen wie ein Wasserfall sprechenden Experten des Castellano gefunden zu haben. Seine Frau, gebürtige Saltenierin, ergänzte dies durch ihre Heimatgefühle, Gastgeberschaft in der Provinz Salta und ihrer gleichnamigen Hauptstadt und verbindlicher liebenswürdiger Betreuung.

Wie ein Schlag: Gernot hat einen Herzinfarkt! Die Reise scheint auszufallen! Alles umsonst? Alle Sehnsüchte und ihre Erfüllung "ad acta"?

Da überrascht die Fehldiagnose das Herz des auf Reisen eingestellten, und es steht fest: Es geht nun doch los.

Insgesamt 22 Stunden mit 4 Stunden in London tragen uns eine Boeing 723 und ein "Jumbo", und es geht mit ihm ohne Zwischenlandung übers Meer. Turbulenzen lassen den großen Vogel erzittern, immer wieder wird man aus dem Schlaf gerissen. Das Wetter scheint auf 9000 m Kapriolen zu schlagen. Aber dann läuft doch alles gut. Oder? Einige Minuten vor Buenos Aires müssen wir ein Sturmgebiet umfliegen, schwerste Stürme peitschen übers Land, und so wird Montevideo als Ausweich angeflogen und dort gelandet.

12 Stunden sollten es werden! Der kleine Flughafen, etwa für 200 An- und Abgehende gerechnet, kriegt Zuwachs: 337 British-Airways-Gäste werden in den Transitraum gepfercht, der noch zum Teil wegen Umbauarbeiten seine Fläche einbüßt.

Eigentlich hatte ich eine Schiffsreise nach den Süden machen wollen. Es sollte die Erinnerungsroute Buenos Aires, Darsena Norte Montevideo, Rio Grande, Rio de Janeiro, Recife, Las Palmas, Vigo, Hamburg (in umgekehrter Richtung!) werden mit den vielen herrlichen Eindrücken einer halben Weltreise.

90 Tage hin und zurück, nicht ganz genau gleich, denn Frachter haben Ladungen zu löschen und Gut aller Art aufzunehmen, sollten es werden. Erst war ein Schiff der "Pritzwalk" – Klasse vorgesehen, dann eines der "Friesack"–Typs, später ein Hamburg–Süd Motorliner. Aber immer wieder war der Herr Doktor noch nicht bereit, seine volle Zustimmung zu geben, und so zerrannen die Schiffahrtsträume ins Nichts; denn die Anlegezeit in Buenos Aires war obendrein nur auf 1 bis 3 Tage begrenzt; und hätte ich das "alles" erledigen können? Allemal schöner, beschaulicher ist so eine Tour über die Meere, dachte ich bei mir, mich in dem Menschengewirr des Flughafengebäudes umschauend.

Und ich war eigentlich traurig, wie "prosaisch" sich heutzutage ein Ausflug in die Vergangenheit abspielt.

Mit ständigen Versprechungen wurden uns sofortiger Abflugtermin nach Eintreffen der Ersatzcrew für unseren "Jumbo" genannt, die 23 "Mann" waren schon von BsAs aus unterwegs, unterwegs, unterwegs: Eine Stunde, zwei, drei, vier, fünf...

Nun mußten die Leute etwas Erfrischendes und etwas Sättigendes in den Leib bekommen. British–Airways sorgte für Juice, Coca Cola, Sandwiches, Kekse... Ich konnte nicht anders, ich sprang ein und unterstützte die paar "Hansels", die des Sturmes aufs Buffett nicht Herr wurden; zwei Arme und Hände mehr halfen, die Warteschlangen zu verkürzen und die Gemüter zu beruhigen.

...sechs, sieben, acht Stunden! "In Kürze" ist es soweit.

Die Crew des Hinfluges hatte bereits 18 ½ Stunden Dienst getan, sie durfte uns nicht mal nach Buenos Aires Ezeiza bringen, das war gegen jede Vorschrift. Das Wetter hatte sich seit langem beruhigt, die glühende Hitze hatte wieder das kühlere Sturmtief abgelöst. Feuchtheiß war es, die Sachen klebten am Körper , "Wohlgerüche" durchzogen die Luft.

...neun, zehn, elf – endlich nach 12 Stunden langen, langen Stunden nahmen wir in unseren Sitzschalen wieder Platz.

Nach zwanzig Minuten landeten wir in einem Brodem schlimmer Hitze und Feuchtigkeit, durchzogen von Gewirr und Geschwirr der Ankommenden und Empfangenden, die nach Tausenden zu zählen schienen! Denn auch letztere hatten ja 12 Stunden lang um die Lieben gebangt! (Wer da etwa aus kriminellen, geschäftlichen, staatsdienstlichen Gründen in Ezeiza erwartet worden war, nun, der mußte umpolen, abbrechen, neu veranschlagen, wenn das in den meisten Fällen überhaupt noch ginge!) Jedenfalls schienen acht bis zehn Leute auf einen der "verspäteten" Flugpassagiere zu warten, alle ganz vorne selbstverständlich, keinen Schritt weichend, beim Erkennen des Ersehnten ein lautes, über-schwengliches, gestikulierendes lateinamerikanisches Lamento, Umarmung, Küsse, Rufe, Betrachten, Abwägen, Freuen, Weinen, Schreien, "Auflösen", Schwitzen, Taschentuchtupfen, -wischen, -abtrocknen. Nur nicht eines: Etwas beiseitetreten, Platz machen – nein! Ezeiza glich einem Hexenkessel, in dem die Suppe überkochte.

Beim Aussteigen aus der airconditioned Maschine schlug einem eine Sauna–Heißluft–Wasserdampf-aufguß–Schaumwand entgegen, und das Atmen war nur letzter angestrengter Selbsterhaltungstrieb in vielfacher Beschleunigung!

Gepäck, an welcher der ratternden Schnecke? Hier, nein, dort, nein, doch nicht! Ich gucke hier, Du hältst dort Ausschau – aber der Vordermann ist riesig, stellt sich obendrein auf die Zehenspitzen, um seinen

Blickkontakt zu vergrößern...der Schweiß läuft schneller als die Koffer, Kisten und Kästen, Reisetaschen und Säcke aller Art (mit und ohne Griff). Kampf um Karren; Schubsen, Drängeln, Schieben, Ellenbogendruck mit Trieben gleich Wildtieren, der Mensch ist sich selbst nicht mehr gut!

Geschafft!!! Nächster Schritt: Devisentausch Pesoeinkauf – die Wechselkasse ist am anderen Ende um die Ecke, aber nicht etwa gleich da, sondern ganz, ganz hinten.

Paß aufs Gepäck auf, rühr Dich nicht vom Fleck, wir versuchen unser bestes! Heute gibt es 97 Centavos für einen Dollar minus Tauschgebühr – das sind Geschäfte, waaas?(!)

Raus aus dieser fast undurchdringlichen Kasseneckenhinterstube!

¡Taxi!;¡ Taxi!; ¡Taxi! ¡Si Senor. Quarenta Pesos! Quatro Personas y cinco Bolsas, Maletas, insgesamt ocho Bultos? No, no, no Senor, cinquenta Pesos! Der das spricht, bringt uns zu einem gelb–schwarzen Vehikel und – er ist gar nicht der Taxifahrer, nur der Schlepper! Ein neues Palaver geht los. Gernot: "Ach nix hier, nehmen wir ein anderes, nicht die Preise verderben!" Nach zähem Ringen sind wir in einen Renault verfrachtet, Koffer auf den Knien, 3 Mann auf dem Hintersitz, schwitzend kleben wir zusammen, zwischen den Füßen die Taschen; unser "Reiseführer" vorne neben dem Fahrer, auch eine Tasche (!) auf dem Schoß!

Kofferraum? Die Taxen fahren mit Gas; da, wo sonst das Gepäck hinkommt, liegen die Flaschen, der Reisende trägt die Qualen und "freut" sich auf die vielen Kilometer bis in die Hauptstadt, la Capital Federal .

Eine heiße Fahrt. Die olle Kiste klappert vor sich hin Gernot redet wie ein Wasserfall auf den Chauffeur ein, und der erfährt somit unsere "Lebensläufe", Absichten, Aussichten, Kenntnisse über den Präsidenten und den Pesokurs, das Wetter der letzten 24 Stunden u.v.a.m. Die Autobahn ist ein "Gedicht". Sie hat mehr Flicken als eine alte Hose, dabei ist sie wohl erst fünfzehn Jahre alt, Baustelle reiht sich an Baustelle, mal links, mal rechts, Fahrbahnwechsel am laufenden Band und damit Stau an Stau, und alle fahren wie die "Henker". Ein Knall wie ein Holzklotz gegen dumpfes Blech: Wir haben einen plötzlich auftauchenden geblendeten großen Hund "gestoppt", der Wagen springt, das Tier fliegt todeswund zur Seite. Unverminderte Geschwindigkeit!

Läuft da etwas unrund? Wortschwall in Español, Worte des Erschrockenseins in Deutsch, der Fahrer hält nach 200 Metern an und untersucht seinen Wagen, am liebsten würde er unters Auto kriechen, da rein äußerlich nicht viel auszumachen ist! Aber Zeit ist auch Geld – weiter. Nach ein paar Kilometern ein gleiches Spielchen und dann geht's in den Staub und Dunst der Großstadt. Brücken, Überführungen, Abzweige, Einmündungen.¡Si,vamos al "Hotel Avenida" en la Avenida de Mayo! Solamente ocho Kilometros!

Und nun in Dreier- und Viererreihen, Hupen und Drängeln, Einfädeln und "Ausbrechen", jeder so gut (oder so rücksichtslos) er kann! Im schwülwarmen Stadt–Straßenschluchtsystem geht einem fast die Puste aus. Aber mal ist jedes Ziel erreicht. Dos cuartos, quatro Personas, trenta Pesos por un Appartemento. ¡Airconditional por favor!; Buenas noches! Ausziehen, Aufatmen, Duschen! Ich sage: "Heiß, das kühlt"; er sagt: "Nein, eiskalt, das ist besser"! "Die Japaner duschen so heiß wie möglich und trinken heißen Tee, dann sind sie abgekühlt, das macht die Verdunstungskälte". "Davon habe ich noch nichts gehört, scheint mir auch Unsinn zu sein". Nun, man muß einen Weitgereisten, einem "Südamerikaner" nicht widersprechen! "Ich mache die Jalousie einen Spalt auf, damit ein Luftzug entsteht". "Nein, um Gottes Willen, dann kommt die Hitze rein"! "Willst Du in diesem heißen Würfel umkommen"? "Laß das Airkonditional laufen, wenigstens". "Nein, den Krach steh ich nicht durch". Also "Schlafen" im eigenen Saft, selbst das Laken klebt; alles andere Bettzubehör liegt schon irgendwo... Was werden die beiden Damen eine Treppe tiefer veranstalten? Lu ist ja ihr Heimatland fast noch gewöhnt, aber Ba wird's wohl so gehen wie mir hier oben....

B. Aires ist ein Tohuwabohu! Arm und reich; am ärmsten, am vermögendsten, nebeneinander; Sauberkeit und Dreck; qualvolle Hitze und empfindliche Kühle - diese in den vornehmen Geschäftshäusern und Instituten, jene in den Assadoküchen oder auf der Sonnenseite der Straßen; hoch und niedrig, bebaut und unbebaut–verwüstet; Ordnung und Durcheinander; breiteste Straßen und schmalste Schluchten zwischen alten und neuen Häusern, Bauten und Palästen, blinkende Fassaden, in der Dunkelheit prall beleuchtet; schäbige, er-neuerungsbedürftige Wände; Historisches – prunkvoll renoviert – und zusammengehauene Buden; schönste Werbeflächen und von Plakatgenerationen verunzierte Mauern und vernagelte Ruinen; bestangezogene Leute und jämmerlich Gekleidete mit Lumpen; genüßlich Frühstückende und bettelnde Indiokinder, die ihre Heiligenbildchen an den Kauenden, Schlürfenden, vornehm Essenden und hungernd In-sich-hinein-Werfenden "loseisen" wollen; Herumstehende und

61

eifrig eilend-Beschäftigte, blonde und schwarze; Gringos und Porteños; Indios und Españoles; "Zwerge" und "Riesen".

Das alles in einem Brodem von Treibstoffdunst und Staub, Preßlufthämmern und Baggern,schaufelnden und schweißenden Arbeitern, aufgerissenen Straßen und Gehsteigen, nie fertig werdend, z.T. vergessen und eine ständige Unfallquelle.

Kongreß und Kathedrale, Cabildo und "Casa Rossada", Obelisk mit über 60mHöhe; Gedenkstätte General San Martins, Ehrenwachen in herrlichen Uniformen; die Avenida 9 de Julio mit ihrem nimmermüden vielspurigen Verkehr, die Fußgängerzone Florida, Corrientes, Cordoba und Peru; Agrelo, Cangallio, Diagonal Norte, Plaza de Mayo, Metro und Hafen mit den Digues 1, 2, 3, 4 und den alten und neuen Darsenas. Aeroparque Buenos Aires am La Plata, Jorge Newbery genannt, dem Tórre de los Ingleses, el "Retiro" mit seinen Abfahrten in alle Himmelsrichtungen, einst der F.C.C.A. (Ferrocaril Central Argentinio) in Richtung Villa Ballestér. Damals –1935- noch ländlich, heute ein 220 000er Ort.

Nichts von damals ist wiederzufinden außer der (wiedererstandenen) Deutschen Schule, und neu ist eine Calle Martin Lange, seligen Gedenkens an unseren Schuldirektor. Aus dem Boulevard La Croze mußte die Lehranstalt umziehen in einen von der Bundesrepublik unterstützten Bau an der Bahn nach Rosaria.

Leider ist Ferienzeit! Aber zwei, drei Lehrerinnen sind doch anwesend. Meine Fotos von "damals"werden bewundert. Die Schwiegermutter meines Schulfreundes, "Bubi Staschen" – er hatte ein sehr junges Mädchen geheiratet – nimmt mir meinen letzten Hoffnungsschimmer: "Bubi ist vor einem Jahr gestorben! Wehleidig betrachten wir beide das

Klassenbild von 1934. La Calle Juan Jaures (alle sagen heute >Jean Joreé) ist bis auf das Stück, in dem wir einst wohnten –die Königs, die Schneiders, die Jörgers, die Lampels, die große Jüdin und der kleine Italiano Antonio- noch vorhanden. Zwischen >Catamarca< und >Chaco< wurde zugebaut vor fünfunddreißig Jahren und jede Erinnerung zerstört.

Die >Plaza< ist ein Dreckloch, das deutsche Almacén mit Brettern und Reihen von uralten, alten, neueren, neuen und neuesten Ankündigungen - immer aufeinandergepappt - bis zur Unkenntlichkeit geschlossen.

Kein "Beppi" König mehr, er zog nach San Juan, 1000 km weit weg, die Nenas, Trude und Edith, leben irgendwo, Jörgers Töchter und "Mausi" und "Toni" werden von Frau Britsch zwar genannt, aber auch sie, die seit 1931 hier gewohnt haben will (nie gehört den Namen, nie gesehen das Haus, obwohl gleich um die Ecke in Richtung >Alvear<! Narren mich meine Erinnerungen oder hat die jahrzehntelange Hitze ihr das Gedächtnis getrübt?), kann nichts Näheres berichten.

So zerrinnt alles in ein schmerzliches Gefühl. Gualterio Rehmann ist nicht mehr; den jungen Mann von 1978 – fröhlich, arbeitsam, noch einigermaßen Deutsch schreibend, gibt es nicht mehr! Nur seine über neunzig Jahre alte Mutter, ein kleines, zusammengeschrumpftes Frauchen, spricht ohne Akzent, nennt ihre drei Kinder Leni, Ernesto und Gualterio beim Namen, aber bei ihrem Mann, unserem guten Freund und Hausvermieter in der >Juan Jaures 754< versagt ihr Denken: "Das ist schon solange her!!"

Was man unbedingt tun will, gegen alle Widerstände seinen Kopf durchsetzen wider alle Vernunft und Warnungen: "Du wirst nichts wiederfinden, nichts; Du zerstörst Dir Dein eigenes goldenes Damals!", das kann auch nur Enttäuschungen erzeugen. Ein Dickkopf ist noch lange keine Garantie für Erfolg.

So hast Du manches im Leben lernen müssen, aber nicht so voller Schmerz und Seelenweh! Und es ist so heiß, so schlapp machend! Gib's auf Manfred – nur ein paar Fotos sollen belegen, daß Du hier warst und nicht spinnst. Boca mußt Du Dir noch ansehen, das Hafenrbeiterviertel an einem "Tor zur See", das kaum noch genutzt wird, abgesehen vom Ankerplatz des Schulschiffes der argentinischen Marine, des Traditionsschiffes "San Martin" auf der Ostseite der Darsena Norte, nahe bei dem Wahrzeichen mit der Erdkugel obenauf, dem Gebäude des Segelclubs Buenos Aires, die innere Mole als Kopf krönend. Da liegt noch ein einsamer Frachter und löscht Holzladung aus Polen just an der Stelle des Kais, von dem die "Monte Olivia" losfuhr vor 57 Jahren, zehn Monaten und sechs Tagen. Drei Bugsierer warten auf Kundschaft, in der Sonnenglut vor sich hindämmernd. Die Kriegsmarine ist mit ein paar "Pötten in Grau" vertreten, und Wachposten lugen nach "bösen Feinden" aus. Das Segelschulschiff und das Traditionsschiff - halb Segler, halb Dampfer – sind wie "aus dem Ei gepellt"! Die Marine läßt es sich etwas kosten. Die Seekadetten und Offiziere strahlen in ihren weißen Uniformen mit den dunkelblauen Schulterstücken, Goldtressen drauf und Goldknöpfen. Die Mützen sitzen mit etwas tiefliegenden Schirmen vorschriftsmäßig und geben den jungen Gesichtern das, was die Mädchen so lieben: Männliche Attribute, etwas Romantik, Sauberkeit, etwas Adrettes. Stolz weht der blau-weiß-blaue Stander am Heck, die Sonne in der Mitten.

Die glühende Luft flimmert, täuscht aber nicht über den ungenutzten Güterzug, über die Verlassenheit des Hafenhinterlandes hinweg, unterstreicht sie eher und läßt die Hochhaussilhouette erzittern. Man hat sich das etwas kosten lassen, um eine Wohlstandsbühne bis weit aufs Meer hin sichtbar zu zeigen. Der Verkehr am Hafen vorbei, und die Schiffe fahren den Paraná hinauf, die wenigen Container täuschen den Beobachter nicht, der Handel zieht an Buenos Aires' altem Hafen vorüber. Boca an der Hochbrücke, die vor sich hinrostet, ist eine gewollte Touristenattraktion, bunt bemalte Häuser, vielfarbig gestrichene Wellbleche können nicht viel verbergen: Auch hier ist nichts los, allerdings kann man Fahnen, Wimpel, Sonnenhüte und allerlei kleinere und teurere Souvenirs kaufen. Selbst der Tango von einst wird gekünstelt in die Gegenwart gezerrt, großflächige Bilder, buntglänzende Kneipenschilder verweisen auf ihn. Zeitungspapier bewegt sich im ab und zu quirlenden Wind, und Staub stiebt auf. Der Bus, der aussieht wie ein Zirkuswagen, hält an der rostlaubigen Haltestelle und rumpelt dann über das Kopfsteinpflaster zurück ins Zentrum. Unterwegs versucht jemand Tüten mit Bonbons zu verkaufen; desinteressiert schauen die Fahrgäste in die dunstige Heißluft hinaus.

Alle Welt macht einen Wandel durch, Reisende haben es heute eiliger als ehedem; Dampfer und Motorschiffe dienen heutzutage nur Luxusreisen, wer von einem Ort zum anderen will, fliegt. An den Diques wird in einem Rekonstruktionsvorhaben gearbeitet, die Lagerhallen sollen Fracht der Zukunft aufnehmen oder neue Funktionen (welche?) erhalten. Buenos Aires' Hafen wird sich mausern wie Hamburg oder Bremen, bald ein neues Bild liefern – hoffentlich eines der Geschäftigkeit, die Präsident Menem überall in der

Welt verspricht. Wird argentinisches Rindfleisch wieder den Markt erreichen und beleben? Werden die Einwanderer aus Europa pro "Mann und Familie" 150.000 DM mitbringen und in Buenos Aires an Land gehen? Werden die Lagerhallen europäische Waren aufnehmen und Kühlfracht abgeben? Wird der Peso sich halten? Werden die ausländischen Investoren nicht einen argentinischen Ausverkauf betreiben? Werden die Arbeitslosen des Inlandes hier Arbeit finden? Werden die berechtigten Streiks die Wirtschaft weiterhin - wie so vieles vorher - dem Niedergang zuführen? Wird Argentinien zum trojanischen Pferd für ganz Südamerika werden?

Viele Argentinos sind hoffnungsvoll – wohl weil sie nichts zu verlieren haben! Die Substanz ist ja im ganzen gut! Noch gut? Nach dem Kriege prosperierte die Republik, aber Perón brachte das Ende. Wenn die USA kein zweites (oder drittes) Kuba hier im Süden haben wollen, dann wird Menem seine Programme (eines würde genügen!) durchsetzen. Chile war ein Lehrstück, wie man sozialistisches Gedankengut nicht zum zweiten Mal auszumerzen versuchen sollte. Die 35.000 Toten Argentinos, wahrlich nicht alle Kommunisten (!), werden jeden Donnerstag in Buenos Aires von Müttern, Töchtern, Nichten und Enkelinnen angemahnt! Mit Mord baut man nichts Gutes auf! (Ihr Serben werdet es trotz alledem doch noch zu spüren bekommen – das ist meine Hoffnung).

Der Aeroparque am La Plàta macht einen guten Eindruck. "Aerolineas Argentinas" und "Austral" eifern in gesunder Konkurrenz um die Fluggäste; "Austral" ist ein Stück voraus im Service. Sogar Chartermaschinen aller Herren Länder verstärken das Verkehrsaufkommen im Dienste beider Inlandlinien und der Fluggäste.

Die Entfernungen liegen immer gleich in der Größe Berlin – Moskau und darüber. Salta 2½ Stunden, Buenos Aires – Iguazú knapp zwei Stunden, nach Feuerland mindestens sechs, die Kilometer rechnen nach Tausenden. Für Hunderte dieser Maßeinheit nimmt man den Bus, das Auto. Die Eisenbahn? Die muß erst wieder auf "Zack" gebracht werden. Sie transportiert wohl hauptsächlich Frachten zwischen Chile und Argentinien über die Anden, die eine lange Reise vertragen.

Hoffentlich fahren und fliegen Argentiniens Träume in eine gesegnete Zukunft, auch wenn die Malvinas noch in englischem Unrechtsbesitz sind. British Airways bringt viele Menschen und Interessen ins Land und nimmt Leute, die Bericht erstatten, mit hinaus, um eine Spur Prosperität zu verkünden, die sich anzubahnen scheint. Jedenfalls sind Kriege keine Mittel zum Gedeihen.

Und eine Margret Thatcher gibt es auch nicht mehr, die Prestige vor Recht stellt. Eines Tages wird England, ohne sein Gesicht zu verlieren, "malvinieren" und Argentinos das gleiche Besitzrecht einräumen müssen wie den Nordiren. Es läßt sich auf Dauer der Kolonial-Eroberungs-Drang des vorigen Jahrhunderts nicht als Lösung durchhalten. Wer spräche den Briten Fair Play ab, wenn man es ihnen "nahelegt"?

Jedenfalls Aerolineas nimmt uns nach Salta mit. Der Paraná mit seinen 80km breiten Dschungellauf, auseinanderfließend und sich wiederfindend, wild – auch wieder gezügelt, ist vom Flugzeug aus ein herrliches Schauspiel. Anfangs mit seinen über 90m hohen Überseebrücken, für die Zig-Tausend-Tonner, die nach Norden fahren, nachdem man vorher nahe bei Buenos Aires das Gebiet von Tigre überflog und die Mündung des wasserreichen Rio Uruguay rechts, d.h.

im Osten "liegen ließ", ist eines der Weltwunder, zumindest für Europäer. Santa Fé, etwa 750 km nordwestlich von Buenos Aires, und Paraná, Stadt am linken Ufer des gleichnamigen Stromes, verbindet eine Meisterleistung von Brücke!

Und wir fliegen in Richtung "Mar chiquita" mit tausend "kleinen Seen" von 20 bis 30 km Durchmesser, um dann die Rios Saladillo, Dulce oder Salado schwerlich voneinander unterscheiden zu können. Es folgen Salzsteppe mit "Seen" und Trockengebiete, während wir Santiago del Estero und die Nordostspitze der Provinz Tucumán hinter uns lassen. Es wird gebirgig, und bald – es sind immer noch 200 km – werden wir in Salta sein.

Dort ist es grün, hügelig und nicht mehr so heiß wie in Buenos Aires. Bernardo, Schwager von Lu, empfängt uns, ein echter Gauchotyp aus dem Chaco. Nach einer Autofahrt durch ganz Salta geht's nach Milagro, einem nördlichen Vorort. Alles original argentinisch, was sonst (?), spanischer Stadtkern mit Kathedrale, Plaza, Cabildo, ein, zwei Hochhäusern, vielen Denkmälern und meist "Zu-ebener-Erde-Häusern", Supermarkt, Geschäftsstraßen, hochfrequentierten Haupt- und Nebenfahrbahnen, malerischen Bussen und wieder die gelb-schwarzen Taxen – alles rast, wer Vorfahrt hat, das regelt sich "Gott sei Dank" ¡Por dios! Meist glimpflich von selbst.

Siedlungen im Besitz der Familien, Neubaublocks –ein wenig "lockerer" als bei uns genutzt, uralte Chevrolets und modernste Amerikaner von Opel bis Ford, Franzosen in Gestalt hier gebauter Renaults mit besonderer, den Straßen angepaßter Chassispartié, denn außerhalb der Orte geht die Fahrt oft ins Hochgebirge, auch nach Chile, und da gibt es Steinchen, Steine, Klamotten, ja Felsen auf der Piste!

Milagro ist eine Siedlungsvorstadt, birgt die Katholische Universität in sich, hat einen hohen Wasserturm, eine Polizei- und Posteinrichtung, Markt und halbgenutzte Markthalle, der Investor nimmt wohl zu hohe Miete; Vulkanisier- und Autoreparaturstätten, Häuschen im Familieneigentum, von jedem ein wenig anders als beim Nachbarn "baulich"genutzt, denn jeder hat eigene Vorstellungen und Vorhaben, unterschiedliche Kinderzahl und Ansprüche an Vorgarten und Hof, Bernhardo und Dolores haben drei Marias als Töchter, zwei schon mit Nachwuchs: Maria Socorro, Maria-Milagro und Maria-Magdalena . Sie sind die "Tres Marias" aus dem Orion-Sternbild, die den Gürtel bilden? Ja, so fern, anders die Sitten und Gebräuche, so verwunderlicher die Namen. "Maria hilf!", "Maria Wunder", wer kennt die Geheimnisse dieser Taufgebräuche? Andererseits ist man nicht so "fromm", daß man fortwährend in die Kirche rennt wie damals im hessischen Dörfchen bei Leo Bieker – morgens, vormittags, mittags, nachmittags, abends und zur Nacht, nein! Vielleicht ist die Kirche ein beinahe fremdartiger Körper, gut genug, daß man ihm rein äußerlich Genüge leistet! – Gernot giepert nach Bife de Lomo, nach Salchichas...

Und Bernardo spannt die ganze Familie an – auch Lu als Schwester der Frau des Hauses mischt und putzt mit am Salat, an den Soßen, an den Würzen!

Ja, am Abend duscht man. Ich tu's als letzter und breche mir, auf seifigen Fliesen ausrutschend auf Toilettenbecken und Bidet vier bis fünf Rippen völlig oder an! ¡Ayuda me! Kann ich noch schreien, dann beginnt eine lange Zeitspanne wahnsinniger Schmerzen, die auch der Arzt nicht lindern kann trotz elastischer Binde und schmerzstillender Tabletten; das Schlafen wird zur Qual, jede Bewegung ist mit einem

Stöhnen oder Aufschrei verbunden!!! Warum das nun? 2.Februar; voriges Jahr am gleichen Tag stürzte ich in ein Nichts und wachte erst im Krankenhaus nach Stunden auf! Der "Wassermann" ist nun schon seit Jahren nicht mehr so recht vom Glück verfolgt; denn dieser Zustand schmälert die Gunst der Reise, die Erfüllung des Herzenswunsches!

Aber ich kann mich zusammenreißen; nach Cafayate gelingt mir die Mitfahrt noch nicht; als es aber in die Andenhochebene geht, rettet mich der Renault-Sitzkomfort, und ich darf viel Schönes erleben!

Eine (600 km lange!) Tagestour hat Gernot sich ausgedacht. Lu guckt kenntnisreich (sie ist nun schon ein paar Jahre mit dem "Reiseleiter", Ethnologen und Kilometer-"Schrupper" verheiratet). Als Kranken-schwester heilte sie seine Hepatitis von damals aus, als Ehefrau zeigt er ihr die Welt, Kraftfahrer aus Passion und Freude!

Also, los! Dem Wagen wird wohl heute etwas zugemutet werden! Herrliche Fahrt in den Norden nach Jujuy, wo Indios und ihre Kinder ihre Erzeugnisse aus Wolle, Keramik, irdenem Material, Knochen, Leder und Metall, wahre Kunstwerke, anbieten. Selbst die Jüngsten müssen ran. Zurückgedrängt in die unergiebigste Region in den Höhen des Gebirges, sind die Lamas ihr ganzer Schatz, ihre Existenz. Man staunt, was diese Tiere aus ihrem Futter – den harten Sträuchern der Hochlandsteppen – "herausholen". Es ist wirklich erstaunlich! Wären die Behausungen der kleinen, braungebrannten, blau-schwarz-haarigen Menschen nicht erbärmlich, also billig, sie könnten kaum überleben. Sie, die Ureinwohner, wurden bereits von den Spaniern dezimiert, fast ausgerottet, die, die überlebten, in den äußerst kargen Höhenregionen nur noch " in geringem Maße" verfolgt, weil es sich nicht lohnte. So leben sie am Rande des Existenzminimus, leisten eine Überproduktion an Souvenirs, so daß die Erträge sich sehr "in Grenzen" halten.

Ich gebe den Kindern einen Peso mehr als gefordert, da sie kein Wechselgeld haben. "Sollen sie doch Kleingeld mitbringen und sich auf den Handel vorbereiten! Du verdirbst die Preise!", meint lautstark Gernot, ungerührt vom geduckten Kinderkörper mit bettelnden Augen von den melancholischen Menschlein, die wahrscheinlich nie gespielt haben! Macht jahrelanges Durchstreifen des Hochlandes (mit vollem Magen) unempfindlich gegen Leid? Steckt in jedem Indio ein Gauner? Was nützt da Ethnologie? Promotionsthematik, um Glanz zu heimsen? Soll nicht jede Doktorarbeit zur Lösung von Problemen beitragen? Kann man keine Schlüsse daraus ziehen, daß von Pueblo soundso nur noch diese oder jene paar Indios existieren, während es vor zwei, drei Jahrzehnten noch ein ansehnliches "Häufchen" war? Wer setzt sich für diese Menschen ein? Wer zeigt ihnen einen Ausweg aus dem unverschuldeten Dilemma? Was sind die "Gebildeten" doch für hochnäsige, eiskalte Banausen?(!)

Jujuy sagt mir mehr zu als Salta, schöner gelegen, weitläufiger das Zentrum, schönere Bauten. Sein eigentlicher weitläufiger Name: San Salvador de Jujuy; da liegt "Musik drin".

"The nordwest characteristic Landscape" ist unser Revier: grüne Hügelketten seit Salta, eingebettet weiße Häuser mit rotem Ziegeldach, Besitztümer wohlhabender Hacienderos y Finceros.

Die ‚Ruta national' Nr. 9 führt uns nun über die Provinzhauptstadt hinaus weiter nach Norden über Tumbaya nach Purmamarca, nachdem wir auf die 52 abgebogen sind. Diese berühmte Ansicht der

71

vielfarbigen Felsenfront, fasziniert wohl jeden Beschauer! Und ich denke an ähnliches (in Kleinformat) auf Gran Canaria – sage es aber nicht laut! Wir drehen um, da Maimará uns die "Painter Palete" bieten wird, einen Malerwinkel, wie er " im Buche steht"! Gernot war in dieser Gegend lange "zu Hause", kennt "Hinz und Kunz" und kann beinahe zu jedem Strauch eine Geschichte erzählen oder eine Anmerkung machen. Sein Espanõl ist perfektes Castellano, so daß er immer wieder gefragt wird, aus welcher Ecke Argentiniens er komme (nicht: daß er gut spanisch spräche, einwandfrei, ohne Akzent!), nein, er müsse das doch mal verraten. Zurück also auf die "9", und nach ausgiebigem Umsehen, Schauen, In-sich-Aufnehmen wird Tilcara angesteuert. Unterwegs herrliche Kirchen, die blendend weiß oder gelblich in der Sonne leuchten, in einem Barock erbaut, der in seiner Schlichtheit mit seinen wenigen Anzeichen besticht! Die Sonne "knallt" vom Himmel, Zypressen stehen schwarz - grün vor hellem Kieselgewirr der fast ausgetrockneten Flußbetten – es sind meist mehrere nebeneinander – die zum Rio Grande gehören, der von Norden, von Sta. Victorias Nähe kommt. Wir befinden uns in der Quebrada de Humahuaca, und das Städtchen ist herrlich gelegen, dennoch macht es einen fast traurigen Eindruck: Die gelben ausgedörrten Berge, zerklüftet und zerrissen, erdrücken mit ihrer Trockenheit, den grellen Farben und tiefen Schatten; denn die Häuser sind fast gleichfarben, und da, wo die Sonne fortwährend senkrecht hineinscheint, liegt nur Staub auf den Straßen, die Fenterläden und Haustüren sind geschlossen, soweit man bergan schauen kann, und nur da und dort sitzt ein Einwohner, irgendetwas feilbietend.

Wir essen in einem einfachen Eckhaus mit Lehmboden, holzfarbenen Tischen und geflochtenen Stuhlsitzen, großbildrig bemalten Wänden – die Landschaft wird überdeutlich ins Innere projiziert – die Kühle genießend, wobei Gernot wie überall zur Eile mahnt. Besonders Ba ist seine Zielscheibe, weil sie immerwieder, da und dort, ein "Extrafoto" schießt, das der "Reiseleiter" für nicht notwendig oder landschaftscharakteristisch hält. Was wir dürfen und nicht, wird jeweils zeitlich begründet, er ist ja auch der Kenner, weiß ebenso, was uns heute noch bevorsteht.

Zurück, noch einmal alle Herrlichkeiten vor Purmamarca, die Felsen mit den (mindestens) siette Colores, jetzt in einer anderen, etwas verblassenden Sonnenbestrahlung; denn es ist "high noon". Am schönsten ist es wohl am Vormittag! Und die Umgebung wird genügsamer "in Sachen" Grün. Es geht hinauf zur Hochebene mit 3.500 m über NN, wir passieren einen Pass von nahezu 4.500 m und machen ein Erinnerungsfoto. Die 52er war inzwischen immer schlechter geworden. Autos alle Art sorgen eigentlich dafür, daß man die Straße an manchen Stellen überhaupt noch erkennt! Der zermahlene Untergrund wird zum "Asphalt", wenn man seine "bescheidene Glätte" in Gedanken zu Hilfe nennt. Und dann weiter wie der Blick. Endlose Seen – die Karte zeigt Salzflächen von endlosen Ausmaßen – liegen im Westen vor uns, den Horizont bilden die Bergeszüge der Sierra del Cobre wie eine lange, lange Kette von Nord nach Süd. Und wir fahren von Nord nach Süd. Und wir fahren auf die Salzflächen zu, es sieht so aus, als ob die Straße "geradewegs" über den Salzsee führt, aber wir müssen sie rechts "liegen lassen", wollen wir nicht nach ein paar hundert Kilometern nach Chile gelangen! Wo aber geht's lang? Wie aus dem Nichts taucht rechtwinklig zu uns die ‚Ruta 40' auf, von Pampa kommend, nach San Antonio de los Cobres führend. Die Route ist ausgefahren, wie selten eine "Straße". Die schweren Lastzüge und Fernreisebusse haben tiefe Furchen eingedrückt; in der Mitte steht der Granithügel-Kamm, so daß unser Renault, entweder linkes Radpaar auf der linken Kante und rechtes auf der Mitte fahrend, die Trasse nehmen muß, oder das Spielchen rechts abläuft. Ist ein Stück Fahrbahn zu sehr malträtiert worden, hat die Behörde von Jujui   (wir sind immer noch in der nördlichsten Provinz) eine neue schieben   lassen,   dazu   bedient   sie   sich schneepflugartiger Bagger oder Räumer. Da liegen plötzlich Steine wie Felsbrocken quer über die Fahrtrichtung, und es geht rechts oder links daneben weiter, bis die alte Wegverbindung wieder erreicht ist oder die neue sich verselbständigt hat. Weite, weite Ebene. Bergriesen mit silberweißen Hauben fast bis zur "Taille", an die 7.000 m in den azurblauen Dom reichend, links vor uns, rechts neben uns. Wir selbst sind ja auch ziemlich "auf der Höhe", wo salzkarges Gesträuch,   vielleicht   einen   halben   Meter   hoch, bündelartig bis an den Horizont unterhalb der Massive wächst,   ab   und   zu   armseligste   Indiohütten   aus luftgetrocknetem Ziegelmaterial auftauchen, auch mal ein Indio (man glaubt, seinen Augen nicht trauen zu können!) auf einem Fahrrad. Lamaherden weiden die harten Krautgesträuche ab, gucken "blasiert-neugierig" mit erhobenem Haupte zu uns, laufen erst weg, wenn wir halten, kommen dann aber – dem Leittier folgend - wieder näher: Man sieht sie richtig "spucken" vor "Arroganz", die Spucklamas, gescheckt, ganz in Weiß oder dreckig-grau.

Die Gebirgsriesen sind blendend weiß (wie eine Dia-Vorführ-Wand), da es in den letzten Tagen viel geregnet hatte und der zu Eis und Schnee kristallisierte "Bezug" ganz jung ist. Der Sommer 93, Anfang Februar unserem Augustanfang vergleichbar, hat tolle Kapriolen geschlagen! Wir haben ja davon schon einiges zu spüren bekommen. Die "Straße" geht jetzt schnurgeradeaus. Ihr "Ende" verkümmert im weißlichen Dunst. Hinter den Salzseen im Westen und vor uns im Süden ist das Kupferland, unser nächstes Ziel trägt den Beinamen "Cobres". Was der Wagen aushält, geht auf keine "Kuhhaut"! Es kracht und schlägt und poltert und rummst! Dieser Renault ist ein Landeskenner. Und wir verlassen nach Stunden die "Puna", "Jetzt sind's 140 km kurvenreich mindestens zwanzigmal durch den Flußlauf des Rio Calchaquí, auch die Eisenbahn geht hier lang, mal rechts, mal links von uns", meint Gernot. (Ich denke, na , das ist ja fast Berlin – Dresden – wenn das erst hinter uns wäre!)

Es beginnt   nach unserem Rastaufenthalt in San Antonio in einem Koben von "Gaststätte" armer Indios und nebenstehendem Schul- und Klubgebäude des Staates, massiv, rotziegelig gedeckt, sauber ausgerichtet weitere Gebäude und eine riesige Schülerschar, die irgendwohin nach Hause strebt. Grüßende erst wir, dann sie – eine wahre Tortur über Großsteinpflasterausschüttung. Knall, Krach, wumms; Schlag, Rutsch, Holper, Sprung, Sack. Hopp! Haarnadelkurve, Staub, entgegenkommende Riesen von Lastzügen – sie "lassen" uns vorbei, indem sie halten oder wir aneinander vorbeischaben. Und die Sonne verschwindet langsam hinter dem Gebirgskranz! Oho: Das Flußtal hat volle Wasserrinnen und –arme ! Ob wir immer eine Furt finden werden? Eine ist so tief, daß Ba raus muß, barfüßig holpert sie knietief zum anderen "Ufer", Gernot schreit, sie möge sich beeilen – Ba will noch "Auffahrtsteine" legen, seine Stimme überschlägt sich vor Wut, ich kann nicht helfen wegen meiner Rippen (bloß nicht – nachher bricht noch eine fünfte ganz!) und sage nur, daß Mäßigung klüger wäre. Gas!! Und durch! Fast läuft das Wasser in die Türschlitze. Der Motor jault, die Karosse quietscht... (20mal? Nee, es werden 50 Furtfahrten, einige ganz schlimm mit nicht vorauszusehenden Tiefarmen, andere wieder "leichter"), wo ist die andere Seite: Ach, ja da – links halten! Wir kriegen Übung, Ba muß auch nicht mehr raus; sie hat ganz warme Füße, sagt sie!

Es wird dunkler und dunkler! Vorhin haben wir ja einen ganz langen Güterzug auf dem Bahndamm gesehen mit dem charakteristischen roten Personenwagen in der Mitte – jetzt ist der Bahnkörper leer, dunkel und schweigsam. Gernot fährt wie ein "Besengter" ; 80 "Sachen" sind sein Durchschnitt, und Ölwanne, Federung, Wagenboden werden knallhart "bearbeitet". Stundenlang und dann in die Rinderschlucht hinein, und dann soll Asphaltstraße kommen. Sie kommt hinter Cachipampa. Aber nach Salta sind's noch gut 35 km, eröffnet Gernot. Lu und er spendieren ein Büchsengetränk, damit wir alle "neue Kräfte" sammeln können.

Das waren 18 Stunden! Salta ist wie eine Erlösung, aber noch geht's lang durch die ganze Stadt; am Flughafen vorbei übers Zentrum, bis nach Milagro müssen wir noch, au backe!

Die Familie sitzt noch auf! Es war ja wohl doch ein bißchen gewagt !(?) Aber der Wagen hat nicht nur durchgehalten, er steht vor der Tür, zu neuen Sprüngen bereit!

Dr. Gernot hat diese ganze Reise – auch das, was uns noch erwartet – organisiert, Vorbestellungen auf Tag und Stunde genau, Vorhaben – in welche Richtung auch immer; den Wagen für uns gemietet, die Familie der Frau Lu auf uns vorbereitet und sie eingestimmt, uns den Mund für Assado "wäßrig" gemacht, die Tricks des preiswert Fliegens verraten und angewendet, nebenbei noch das Fußballspiel seines Jungen in Cordoba geplant, eingefädelt, da ja leider auch noch Paßangelegenheiten anfielen und zu beenden sind.

Gernot, Ba und ich kaufen reihum im Großmarkt ein, damit die tägliche Nahrungsaufnahme eine Freude ist. Ich engagiere mich wohl finanziell am meisten, da Ba Geld "zu Hause hat liegen lassen" und meine Warenmenge die der beiden anderen weit übertrifft, auch gebe ich bares Geld in die Hand von Maria Socorra (fürs Kind) und Lu "para la comida" für die Hausfrau. Eine Riesen-Familien-Portion Eis wird mein Abschiedsessen zieren, da ich bei Antritt auch große Freude an den Gastgeschenken für die Familie hatte! Die Tage sind mit kleinen Ausflügen "bestückt", die "typical Landscape" birgt viele Schätze an herrlich gelegenen Fincas, und der Ausblick von der Seilbahnstation auf Salta ist ein Labsal. Obwohl Argentinien volkreich ist, gibt es weite Landstriche dünnster Besiedlung. Über 150.000 Salteños siedeln auf einem großen Areal, das sich dennoch in der grün-blauen Hügelwelt verliert und völlig einsam wirkt, wenn die Schneeriesen aus dem wolkenfreien Hintergrund ragen – unsere europäischen Maße sind kleinkariert dagegen. Selbst wenn man 10.000 km mit dem Auto fährt, hat man wenig gesehen; obwohl einen die Ahnung – zusammengesetzt aus den vielen Landschaftsabbildungen in Prospekten, Büchern und Zeitschriften – vieles real einschätzen läßt: 20 Jahre müßte man haben, um als Tourist befriedigt zu werden(!), aber man schließt von einem Ausschnitt auf's Ganze, überheblich wie man ist. Soviel kann man gar nicht in sich aufnehmen. Hundertmal müßte man wiederkommen, wenn nicht die Qual des Fliegens bis zum Erreichen des Zielortes mit allem "Drum und Dran" so groß wäre. (Wahrscheinlich bin ich schon zu alt für solche Torturen !) Jedenfalls liegt mir nun eine ziemlich lange Zeit leichter Druck auf dem Gemüt, vergegenwärtige ich mir einzelne Abschnitte der vierzehn Stunden London–Heathrow–Buenos Aires/ Montevideo!

Die Stewardessen und Stewards geben sich die größte Mühe, der Service ist sehr gut, und British Airways bieten mehrgängige Mahlzeiten an – nach Wahl noch dazu (!) – Getränke werden reichlich gereicht und für jeden Geschmack bereitet. Ich möchte solch einen Dienst mit allen Vor- und Nachbereitungen, die bis zum entsorgungsgerechten Emballagezustand gehen, nicht machen müssen; die Ausnutzung der Bodenfläche mit höchstmöglicher Sitzauslastung vergrößert die Mühen des Personals, auch der Passagiere, versteht sich. Man schläft ständig ein, indem man weiß, daß man einschläft. Weiß man's nicht mehr , schreckt die Stimme eines Besatzungsmitgliedes einen hoch, Turbulenzen werden angekündigt, erneutes Anschnallen befohlen oder andere Wichtigkeiten mitgeteilt. Das Fernsehen läuft und läuft, da nicht die Muttersprache zu hören ist und spanische Untertitel vor den Augen flimmern, wird auch das ermüdend und allmählich fühlt man sich trotz Kissen, Fußwärmern und Decken bei mäßig zurückklappbarem Sitz wie "gerädert". Außerdem ist der "Jumbo" laut. Man weiß nicht, ob der Sturm draußen jault oder ein Aggregat die pfeifenden Tonfolgen verursacht. Das Schütteln vertikal und horizontal tut sein übriges! Für ängstliche Gemüter ist das also nichts. Nun hatten wir ja auch an diesem 30./31. Januar ein außergewöhnliches Wetterpech. Die Elemente sind durcheinandergebracht.

Schwere Unwetter im Sommerhalbjahr auf der südlichen Halbkugel, Sommerhitze und –trockenheit zur gleichen Zeit Frühling in der nördlichen Hemisphäre! Die Temperaturerhöhung auch in Europa wird wohl schon eine Auswirkung der CO_2 – Überfütterung der Atmosphäre sein! Die Tausende von Flugzeugen, Großverbrauchern des Sauerstoffs vergiften ihre "optimalen Flughöhen"-Gebiete unaufhörlich, unten tun's andere, nichts ist mehr aufzuhalten! Kontinuierlich werden wir dem Chaos entgegengehen! Da nützt keine Ermahnung – noch so künstlerisch verbrämt und textlich auf den kleinsten gemeinsamen "Nenner" gebracht – durch Fernsehen und andere Medien. Die Verursacher sind u.a. Autoindustrie und industrielle Abgaserzeuger! Produktivitätssteigerung, Wachstum, Prosperity sind die Zwänge über die derzeitige Wohlstandsstufe der Reichen (7 und ein paar mehr) auf dem Rücken der Armen treppab, holterdipolter gleich in mehreren Stufen abwärts. Die Wohlstandsstufe ist zur Zeit noch ein Podest, eine Art "Bühne, die die Welt bedeutet", aber das Treppenhaus und die Stützen sind morsch.

Lu und Ba bleiben noch in Salta. Wir beiden Männer fliegen die 2 ½ Tausend Kilometer "nach Hause" ins "Hotel Avenida" in der Avenida de Mayo zurück! Gernot muß sich um die Paßangelegenheiten seines Sohnes kümmern.

Am Tag fliegen, am mittleren Notausgang einer Boe 737 sitzen, die Beine ausstreckbar auf dieser Sitzreihe 11 (manchmal auch 10), herrlicher Ausblick –nicht durch die Enge einer anderen Reihe behindert– machen fröhlich. Tuffwölkchen zwischen uns und der Erde. Ihre Schatten sind deutlich unten im Grünen oder

Braunen zu sehen, oben die bis ins Dunkelblaue gehende Himmelskuppel, von Kondensstreifen durchkreuzt, Sauerstoffverbrauch anzeigend: Wasserdampf in Kristallen, CO_2 als Füllmittel.

Die Cholera wütet in Südamerika. Der obligate Zettel mit dem woher, wohin, Geburtsort, Länge des Aufenthaltes... muß wieder einmal ausgefüllt werden. "Gernot, zeig mir doch mal Deinen Zettel, bitte!" – "Ich hab das hier anders ausgefüllt, ich bin nämlich in BsAs. geboren!" "Wenn Du alles besser weißt, und noch Verwirrung in die Angelegenheit bringen willst", schreit er fast und reißt mir sein Papier aus der Hand wie'n kleines rechthaberisches Kind, "dann mach's du doch besser, du kluger Englischlehrer!" Er wußte eigentlich nur, daß ich mal'n Lehrer war, also unter ihm rangierte, dem Mann mit dem Doktorhut. Am liebsten hätte er gesagt: "Englischlehrer oder so etwas ähnliches...!" –Bei welchem Jahrgang gibt es eigentlich noch Kameradschaft, Verstehen, Freundlichkeit? Jedenfalls ich 27er rechne mich noch zur "alten Schule" mit gepflegten zwischenmenschlichen Beziehungen (obwohl weit, weit Jüngere diesen Begriff gepflegt haben, ihn aber wohl nicht inhaltlich belegen können!)

Auch seine Hinweise auf die Landschaft sind leicht belehrend und enthalten oft die Frage "Siehst Du das...?" – "Das habe ich schon auf dem Hinflug erklärt..." lautet ein weiterer Kommentar.

Mag ja sein, daß ich etwas dösig wirke: ich nehme zur Linderung meiner Dauerschmerzen ziemlich kontinuierlich Schmerztabletten und das Beruhigungsmittel "Faustan". (Mensch, er hatte sich 'nen kleinen "Wolf" gelaufen, was hat er da für ein Theater gemacht, von nichts anderem gesprochen und nach einer Salbe gefragt; ob Fußpuder hülfe, von mir bejaht, dann von ihm mißtrauisch benutzt; aber es half nicht in fünf Minuten, also anklagendes Stöhnen!)

Aber die drei bis vier Rippen, stark disloziert, sind kein "Pappenstiel" und benötigen eine ständig schmerzlindernde Körperhaltung; dennoch, ich bin schon wieder "ganz schön obenauf"!

Ich laß mich nicht aus der Ruhe bringen und frage nur: "Warum schreist Du denn so?"

Um sein Geld hat er ziemlich "Schiß". Sehr ungnädig mahnt er die eben erst in Salta gezahlte Automiete in Höhe meines Anteils an. "Haste Angst, Du kriegst Dein Geld nicht? Du bist eigenartig!" (Schon in Berlin hatte er eine ganz enttäuschende Art, seine Verauslagungen abzufordern. Er war ja der Organisator, wer wollte ihm das absprechen? Und er hatte die Reiseabschlüsse, Versicherungsangelegenheiten von sich aus –es anbietend- übernommen!) Aber er ist zwanzig Jahre jünger; der Doktorgrad gibt keine Herzensbildung und Erziehung mit, obwohl ja alle Pädagogen auf ihre "Einheit" von Erziehung und Bildung" pochen, ganz gleich auf welcher Ebene des Weges in die Höhen des Menschseins!

Klar, er ist ein Sprachgenie und ein fixer Mann ist er auch, aber gerade deswegen ist Arroganz unverständlich und eigentlich Dummheit!

Da passiert's: Obwohl ich leichtes Gepäck habe, ist es meinen Rippen nicht angetan. Eine Wut, eine Ratlosigkeit wegen der fehlenden Information über den Paß Oskars, seines Sohnes, sein ständiges Mißtrauen gegenüber anderen – eigentlich sind bei ihm immer die Partner schuld, Intrigen ihre Hauptwaffe, Lügen ihre Ausreden – lassen ihn vor mir herrennen. Etwa mein Gepäck tragen helfen, eine Pause machen, kurz verschnaufen? Nein!

Die Rippen "reißen" an den Bruchstellen "auseinander", das "Heilgespinst" ist wohl noch zu zart. Ich schreie, was das Zeug hält; er rennt weiter, ich dann auch, und es vollendet sich erneut der Zustand ungeahnter Schmerzen bei jeder Bewegung. Am Fahrstuhl bin ich "alle". Ja, "Kamerad" Gernot, Du bist ein "guter Kumpel"!

Schweißnaß, klebende Sachen! "Ich dusche mal warm! Und die Jalousie bleibt etwas hochgezogen; es gibt da nämlich einen kleinen Luftzug vom Fenster über die Entlüftung des Bades!" sagt Gernot! Ich glaube, ich höre nicht recht und grinse nur.

Trotz meiner Qualen begleite ich ihn auf seiner Erledigungstour wegen der Papiere. Kein Erfolg! Schmähworte für die Zuverlässigkeit der Menschen im Süden, ihr ¡Mañana!, ihre ausweichenden Argumente – "Nie wieder komme ich hierher! Alle schwatzen, wollen nichts tun, und Freundschaft gibt es schon gar nicht"! Telefonate mit Lu in Salta können ihn nicht beruhigen, obwohl seine Frau meist das Richtige sagt und das Rechte tut, z.B. abwarten.

Heiße Nacht mit kleinem Luftzug; das Schlafen ist eine Rippenqual! Ich solle nicht so laut sein. Er könne nicht mit nach Iguazu, der Behördenkampf gehe vor.

Ich fliege alleine, kann endlich mal meine Gedanken denken und verwirklichen, und es wird ein herrlicher Tag. Mi Conductor Roberto freut sich über meine Worte: ¡Tenga me a tres Puntos importantes, por favor! ¡Si, Señor, muy bien, cinquenta Pesos! Ab geht's. Ich spreche 'ne ganze Menge - Roberto versteht mich und ich ihn auch - wenn auch nicht immer gleich auf Anhieb - und führt und fährt mich durch die herrliche Urwaldlandschaft auf roter Erde. Parque Nacional de Iguazu. Wir erreichen ihn über die Ruta 12.

La Garganta del Diabolo, der Teufelsschlund "rückt" Stück für Stück näher. Mit Bravour setzen wir mehrmals über, gehen ein paar Meter auf verbliebenem Steg, bis wir an der Bühne des Tosens und der feuchtkühlen Wasserschleier stehen! Wassermassen bis zu bräunlich-gelber Färbung verwandeln sich in Schaumkaskaden, Donnerschnüre und –schlünde; feuchtnasse Hitze, saftgrüne Uferflora, und ein Gefühl der Überwältigung durch Kräfte, die niemand zähmen kann, überkommt mich.

¡Despasito, tengo tres Cortillas fracturadas! Rufe ich aus Vorsicht bei jedem Umsteigen; zum Schluß muß ich nur noch zeigen und ¡Tres Cortillas! rufen. "Los dos Hermanas" und "Los Cataratas" bilden eine Kette immer neuer Bewunderung, und die drei Stunden bis zum Abflug vergehen wie im Fluge! Wie man sich täuschen kann! Wir haben ja hier eine Stunde Zeitverschiebung zu Buenos Aires, und es sind schon vier geworden! Mit Roberto habe ich mich angefreundet, und er spricht nun englisch; er macht zu einer Fremdenführerbildung einen Erweiterungs- kursus. Englisch fällt ihm schwer, und er dankt mir für meine Aussprachehilfen.

Die Taxe surrt, der Urwald übertönt alles mit seinen Geräuschen und nach unserem Abschied sitze ich im kühlen, sehr liebevoll gestalteten Flughafengebäude. Menschen aus allen Himmelsrichtungen sind hier; Japaner besonders gut von anderen zu unterscheiden, und man macht sich gegenseitig freundliche Komplimente.

Meinen Cholerazettel fülle ich heute zweimal nach meiner Fasson aus – niemand moniert etwas. Diesmal ist der Rio Uruguay unser begleitendes Richtband. Ein herrlicher Vormittag.

Und mit großer Hoffnung geht's weiter in den Tag. Pünktliche Ankunft auf dem Aeroparque am La Plata. Gleich heuere ich eine Taxe und ernte Erstaunen, daß ich bis nach Villa Ballester will – bei dieser Hitze – die Kutsche glüht, das Tachometer arbeitet. Es ist ja eine Wahnsinnshatz, die ich vorhabe. Ich hatte mich zu heute verabredet und erhoffe einige Gespielen der Kindheit zu treffen. Aber Gualterio hat meinen Termin nicht ernst genommen: Ein Foto hat er schon von manchem von uns gemacht, was will ein Deutscher (Argentinier ist er nicht mehr, ich kann ja kaum noch das Castellano!) denn hier weiter als für wenige Augenblicke seine Neugier befriedigen. Die Nachbarn kommen alle aus den Häusern, mein Chauffeur hilft mir sprachlich, alles bedauert den fehlenden Gastgeber, mich und auch den Conductor; aber nichts läßt sich übers Knie brechen! Alle Versuche, rauszubekommen, wo "meine" Leute sind, entpuppen sich als vergeblich, obwohl wir den ganzen "Campo" und wieder die "Catamarca" und den "Chaco" erkunden! Also, der letzte Traum ist ausgeträumt – geh nicht der Vergangenheit nach! (Meine Freunde in Deutschland hatten's ja prophezeit!) Durch Auspuffgase, Benzindüfte, Staub und Hitzedunst und –flimmern zurück nach Buenos Aires.

200 Pesos kostet mich dieses vergebliche Abenteuer – der Taximann hat mich natürlich beschissen!

Die evangelische Gemeinde Buenos Aires in der "Esmeralda" hat geschlossen: Vaccaciones, ein junger Mann, einziges Lebewesen hinter dem hohen lanzenbewaffneten Schmiedeeisenzaun, undurchdringlich christlich erklärt's mir: Gott hat Urlaub! Hier war ich getauft worden – eine dicke schöne große Urkunde mit dem Bild der Kirche drauf (nichts hat sich hier verändert) kann ich mir ansehen. Was sagt der

Berliner: "Hier jeb ick Dir wat, damitte im Winter wat zu lesen hast!"

Und der "Deutsche Club Buenos Aires"? Da ich keinen Schlips umhabe, darf ich nur bis zum Foyer. Auf mein Drängen läßt man mich sogar zum Sekretariat. Die Herren des Clubs konnte ich ein paar Schritt von mir entfernt sehen und hören, aber die deutsche Gründlichkeit ließ mich nicht hinein zu den schwarzen Ledersesseln. Die Dame im Büro war – obwohl eine "niedere Charge", die wohlerzogenste, drückt mir für die vergebliche 9.000-km-Reise ihr Bedauern aus, durfte wohl aber nicht zu "weit" gehen. Eine Adresse alter Freunde meines Vaters bekam ich als Telefon-Nummer, aber ein Lebenszeichen war bis heute nicht zu erreichen!

Pleite! Gernot schleift mich freundschaftlich durch vornehme Teestuben und Assadorestaurants, die Buenos Aires alle Ehre machen, in denen "Ober" und Kellner "alten Schlages" sind: Weißer gestärkter Zweireiher, schwarze Hose, Schwärzer als schwarz, Lackschuhe, die makellose Serviette über dem Unterarm, formvollendete Frisur, höfliches Benehmen, prompte Bedienung mit allem Zierat für eine Teestunde oder den Tischgrill duftender Fleischmahlzeiten, Bier kühl, Zahnstocher in einer ansehnlichen "Menasch" von Pfeffer, Salz, Gewürz- und Essigfläschchen neben den Zahnstochern (das hatte ich als Achtjähriger schon sooo bewundert und nie vergessen).

Und so vergeht, nachdem Gernot seine Probleme mit den Behörden in Buenos Aires hatte regeln können (alles war weit weniger kompliziert gewesen und niemand unzuverlässig, er hatte so früh diffamiert und unterstellt: Die helfende Dame war in Santa Fé erkrankt und dennoch sobald wie möglich nach Baires geeilt!).

Lu und Ba bleiben noch zwei Wochen, also reisen Dr. Gernot und ich heim. Ich trug alles am Körper, was Diebe als nicht ortsfest wie ihr rechtliches Eigentum behandeln, die letzten 45 Dollar, 250 Deutsche Mark, Paß etc.

Mein "erfahrener" Begleiter trug ein auffälliges Reisetaschenset (über einem Handköfferchen eine sattelartig geschnallte Lederdoppeltasche mit Reißverschlüssen, aus denen er fortwährend irgendetwas entnahm oder hineinsteckte – selbst sein Paß war bei diesen Gegenständen! Eseiza hat einen Extrasaal für British-Airways-Passagiere. Am Eingang Paßkontrolle, beim Rausgehen auch. Wir checken ein, das Gepäck ist weg, wir können uns frei mit den Handsachen bewegen. Tja, aber der große Koffer passiert das Band hinter dem Schalter nicht! Ein Argentino hantierte eben, ich erinnere mich nach ein paar Minuten, in denen ich den Kofferlauf beobachte, am Koffer klebte er das Papierband nicht um den Griff (wie üblich) , sondern er warf es auf den Boden! Wie von der Tarantel gestochen weise ich lautstark daraufhin, frage, warum der Koffer nicht weitertransportiert werde und kann mit Gernot gemeinsam und mit viel Energie die Angelegenheit regeln. ¡Tornillo flojo! Rufe ich dem Mann zu, der offensichtlich "unter Strom" steht, der Checkbeamte entschuldigt sich vielmals.

Gernot: Reißverschluß auf, Tickets rein, Koffer-anhänger rein, Geld – die paar Pesos, etwa 18, die er noch hat, raus, Paß rein, Gleich wieder Paß raus und in den allgemeinen Wartesaal. Meine Faustan und die Schmerztabletten, sie waren jetzt wieder nötig geworden nach den vielen Bewegungen, "blödeln" mich ein wenig zu sehr "ein". Gernot will noch Kaffee und Cerveza holen, mein Handgepäck steht vor mir zwischen den Beinen, rechts neben mir auf Gernots Sitzplatz die Allerweltstasche mit allem drin! Links neben mir steht ein Japaner auf, ein junger Mann setzt sich sehr dicht an mich ran. ¡Despasito mis tres Cortillas fracturadas! sage ich zu ihm, gucke nach rechts: Gernots Tasche ist weg, das Geschrei! Massen von Leuten stehen plötzlich herum. "Bist Du zu blöde, auf die Tasche aufzupassen, was nun?" Die Tasche ist schon sonstwo. Das Bier bleibt stehen, Flughafenpolizisten helfen suchen, nix! Zu British Airways; fast will man Gernot nicht mit durchlassen! Und Gott sei Dank finden wir einen erfahrenen Offizier der nach Unterrichtung durch den "Ein-Check-Mann" uns zur Flughafenpolizei schickt, nachdem unsere Identität anhand meines Passes und der Nebeneinandernummern unserer Tickets- und Gepäcksbezeichnungen festgestellt werden konnte! Ich hetze mit den stechenden Rippen hinter dem Rasenden her, mehrere Zimmer, das letzte für Protokolle etc, im 1.Stock, mühselige Aufnahme der Tatsachen, der verlorengegangenen Gegenstände, da ja alles weg ist. Mein Paß und meine 45 Pesos sind die Rettung, denn das ist die Höhe der Gebühren! (Deutsche Mark will hier niemand!!) Und dann vergehen noch bange, nervende endlose Minuten im Office der britischen Fluggesellschaft, der Computer "spuckt" unsere Druckunterlagen aus "...baggage stolen, no orginal tickets, Transit London-Heathrow, Transfer to Tegelairport in Berlin usf."

Mit sich schließender Tür gerade noch hinein in den Jumbo. Gernots Sitznachbarn erfahren in einem ununterbrochenen Strom spanischer Sätze, was für ein Idiot der Mann doch sei, der vor ihm sitzt! Als ich nach einer Weile zur Toilette aufstehe, starrt mich eine Reihe Entgeisterter, Verächtlicher, Staunender,

Mitleidiger an – ich hatte ja Gernots Wortschwall "rattern" hören und halb verstanden!

Stunden – Stunden – Stunden: Kein Wort miteinander! Dann einmal kurz "Prost", als es einen Schnaps gibt und ich zufällig stehe – so hartgesotten ist Gernot nun denn auch nicht, und sein Geschrei ist ihm wohl jetzt selbst etwas peinlich.

Wie gerädert Ankunft in London. Kaum ein Wort im Terminal 4, Ausreise Festland. "Der Waschraum ist bestens ausgestattet, kannst Dich sogar rasieren, wenn Du willst!" – Ich gehe zum Waschraum. Beim Bücken übers Waschbecken: "Au, aach!!" Die Rippen knacken und schmerzen in altbekannter Weise! Ob's hier irgendwo Schmerztabletten gibt (?) , meine sind alle, ein paar Stunden zu früh! Ein großer dunkelhäutiger Officer – das Schild an der Brusttasche weist ihn aus – ist mein Anlaufpunkt "Is here anyone of Red Cross, Sir? I've broken some ribs and I have Pains." (Ich sage erst "aches", lerne dann aber dazu!) "Yes come with me please!" Im Roten Kreuz Bürokratie, aber keine Tablette, die könne nur ein Arzt verabreichen. Der große Mann läßt mich nicht mehr entweichen, und wohin bringt er mich? Zur Chef-Stewardess des Flights London – Tegelairport! Eine liebevolle ganz junge uniformierte Dame. " It's no selfishness, Sir, but I cannot take you with me! Broken Ribs after 14 hours Flight from Buenos Aires – what is, if you must cry? No, no, no!"

Misses Griffith will bring you to Hardington – Hospital going by an Ambulance. Probably you will not get back to your Aircraft, 50 to fifty Procents". "I'm sorry, we'll do our best"! Und nun geht alles wie am Schnürchen! Fräulein Griffith ist mein engangierter Schutzengel, Junge Doktoren nach three miles rasender Fahrt, keine fünf Minuten und

Röntgenaufnahme: Probably three or four ribs broken! Schwere Schmerzspritze, die argentinische Gummi-Elastik-Binde könne ich als Souvenir behalten, festes Bandagieren und: In order to go to Germany by British Airway! "Good luck Sir!" "I thank your very much doctor, because I'm a German and You did Your best for me! But I did'nt bomb Coventry, Madam!" "What is Sir? O.k. don't talk about those things! We wish you the best. Good bye"!
Fräulein Griffith bemüht sich schon seit einer Viertelstunde um eine Ambulanze. "Come with me, please, Sir" sagt sie plötzlich, legt den Hörer auf, sie weiß einen Rat: Ein Doktor fährt mich mit seinem Privatwagen korrekt nach ihrer Wegbeschreibung und –einweisung mit viel zu hoher Geschwindigkeit nach Heathrow zurück. Kurz vorher: "You cannot go, do You understand? In no case You can go!" Was soll das? Gleich kapiere ich: Rauf auf einen Behindertenschiebestuhl und ab geht's wie der Teufel. Fräulein Griffith' Uhr ist dauernd in ihrem Blickfeld. "Excuse! Excuse!" Und über alle Gänge, schiefe Ebenen an Kontrollstellen vorbei – nur der Paß ist die Zauberformel zum Rollstuhl, den beide, der Doktor (!) und "meine Misses Griffith" schieben in rasendem Tempo zur Maschine. "Many Thanks" rufe ich der Chefstewardess zu, meiner "Freundin" gebe ich links und rechts einen (unerlaubten) Kuß, und schon schiebt sich die Tür zu, die Schubaggregate jaulen auf, und ich werde noch sichernd bis zum Platz geleitet.
"Are You well, Sir"? fragt mich noch eine Stunde nach Abflug eine mir fremde junge gutsitzend uniformierte Dame. Ich bin gerührt! Mensch, Ihr Briten, das war ein Glanzstück von Eurer British Airways und ihren liebevollen Menschen! Man müßte viel jünger sein. Die Welt ist schön!

Frank   holt mich ab! Selbstverständlich nimmt er Gernot über Friedenau mit. Ich gebe ihm , der alles Geld im Handgepäck hatte, hundert Mark, damit er "über die Runden" komme.(Das ist eigentlich ganz selbstredend, nicht wahr?)

Ich kann nur im Sitzen "schlafen". Helgchen behandelt mich zwischen Weinen und Lachen, leichtem Spott und echter Sorge. Und Franks Freundschaftsdienst hat mich das schlimmste überstehen lassen. Jetzt kommt ja erst noch die Pein! Ohne die Unfallhilfe zweier Feuerwehrmänner – sie bandagieren mich für den Transport fachgerecht, vorsichtig, aber bestimmt und tragen mich, auf ihren Rollstuhl geschoben – wobei ich wie am Spieße steckend schreie – bis ins Auto. Ab nach Köpenick, Unfallarzt, Röntgen; ich bitte um eine starke Spritze; "Wer hat ihnen die Bandage umgelegt?" " Ihre Kollegen von der Feuerwehr!"   (Leichtes düpiertes Rücken des Arztes) "Fühlen Sie sich darin wohl?" Ja, sehr sogar!" "Na, dann lassen Sie sie um!" (Die Röntgenschwester hatte den Thorax durch den Verband hindurch einwandfrei aufgenommen!)

Sieke, mein Schwager hatte mich dasitzen sehen, nicht mehr in der "Lage", ohne Schmerzensäußerung mich zu bewegen: "So, Manne, ich rufe jetzt den Unfalldienst, das kann nicht so weitergehen mit Dir!" Sein Wagen folgt dem der Feuerwehr, die Eskorte wartet im Besucherraum, um sich von meinen Fortschritten zu überzeugen. Mit einer Privatfirma geht's heim: " 20 DM kassieren wa gleich, denn ham Se keen Schriftkram mit der AOK, Herr Sommer."

Als die Spritze ihre Wirkung verliert, ziehen Schwägerin und Schwager vor, den Schmerzensort zu verlassen. Mit meinen Ängsten, etwa husten oder niesen zu müssen oder nachts vom Stuhl zu fallen, muß ich allein fertig werden. 3 Wochen ständige Versuche, im Bett zu schlafen – es geht nicht. Nur das härtere Sitzsofa mit seinen Winkel zwischen Lehne und Fläche für den "Po" lindert etwas. 30 bis 40 Tage hatte el doctor in Salta gesagt, bei ihm warn's dos Cortillas, in London Hardington – Hospital probably four und nun sind's inzwischen fünf geworden, disloziert bis zum "es geht nicht mehr", und ich trage nach 85 Tagen immer noch mein "Zaumzeug", was mich nicht hindert, nachts mehrmals mit leichtem Stechschmerz bei jeder Drehung aufzuwachen. Ich bewege mich viel, aber die Heilung will wohl mehr Ruhe, die ich nicht aufbringe, obwohl ich seit dem 30.Januar mit 12 Monaten Verspätung echter Rentner geworden bin samt "Zinsen" und Nachzahlung! (Woher kommt meine Rente? Die DDR hatte doch meine Beiträge längst "aufgefressen"! 500.000 Rentner meines Jahrgangs 27, Männlein und Weiblein gibt es allein in Berlin und Brandenburg! Was das für finanzielle Kraft bedeutet, die die "alten" Länder aufbringen!)

Nachdenken

Heutzutage ist dem Nachdenken – obwohl ja die Gedanken auch zu Hitlers, Stalins und Honeckers Zeiten immer frei waren – keine materielle Grenzen (Mauer, Reiseverbot, Aus- und Einfuhrverbot, Literaturverbot...) mehr gesetzt.

Doch: Finde ein positives Ende, das Du in die Tat umsetzen kannst! Tun und Lassen bestimmen Dein Wohlbefinden, alter Junge. So vor sich hindämmern, passiv "genießen" liegt Dir ja sowieso nicht.

Es geht Dir gut. Kein getarnter Lauscher und Denunziant steht hinter Dir oder sogar einer in Deiner Familie. Wohin sollte er auch was und wie melden? Die "Super" und der "Kurier" wollen Dir einreden, es wäre mal alles besser gewesen. Und daraus ziehen manche (bereits "Superkurierten") den Schluß: "Na, bei Honecker ging's mir besser!" Vergessen haben sie die paar Mark Rente, zum Leben zu wenig, zum Sterben auch nicht viel mehr. Vergessen haben sie die Verdummung, die Scheuklappen vor gesundem Menschenverstand und die Verballhornung der deutschen Sprache, das ewige Parteideutsch, den Vorgriff von Partei, Staat und Regierung auf eigenes Denken, auf Eigenverantwortung. Simple Parole: "Bist Du nicht für mich, bist Du gegen mich!" Oder: " Die Partei, die Partei, die hat immer recht!"

Daß die Demokraten ihre Chancen so schlecht nutzen, ist selbstredend bedauerlich – dann machst Du wenigstens das richtige für Dich und zu Deinem besten aus den Möglichkeiten. Ureigentlich ist es egal, ob dieser oder jener dort sitzt, "aussitzt" – Politiker sind überholt, Parteien "forn Arsch" ! Fachleute stattdessen in genügender Anzahl, um der Vielfalt eine Entwicklungsmöglichkeit zu geben und damit darüber abgestimmt werden kann, was die optimale Lösung ist. Parteiprogramme schwafeln sowieso das Blaue vom Himmel herunter, laßt also die Fakten, Notwendigkeiten zu den Herausforderungen der Entwicklung, die Objektivität sprechen!

Da darf nicht ein Finanzminister plötzlich Verteidigungsexperte spielen, eine Schwätzerin Bauminister!

Vorm Abriß steht überall erst ein Aufbau; dann kann man moralisch und physisch Verschlissenes wegräumen! Und den Mechanismus eines Volksentscheides sollte man viel, viel mehr anwenden. Der "Piefke" hat schon immer gewußt, was ihm gut tut! Dem Volke aufs Maul schauen und ihm die Möglichkeit geben zu intervenieren, wenn's nottut.

Sind das schöne Tage dieses April und Mai! Nicht stöhnen, daß man viel gießen muß. Erdbeeren brauchen Wasser, Tomaten Jauche und luftwarme Nässe, selbst die Kartoffel gedeiht nicht völlig trocken. Wenn der Morgen graut, lösen die Tagessänger unter den "Piepmätzen" die künstlerischen Nachtschwärmer ab. Die Drossel ist darin ein Meister, und ich nenne sie die "Tagtigall". Sie kann einem den Tag so recht zum Freunde machen, und hört man das Lied "Ein Tag wie ein Freund" in Countrymanier gespielt und gesungen, schweifen die Gedanken ab zu den Bellamybrothers, zu Dave Dudly und Charly Prise, Bob Dillan und dem Mittelwesten. Westvirginia baut sich imaginär auf und mit ihm Präsident Lincoln und Howard Fasts freigewordener Sklave. Schier endlos scheint das Land und schön; denn liebe Freunde wohnen dort, dezimieren sich zwar an Zahl, wie das Leben (Sterben) es so mit sich bringt, aber die Verbundenheit mit ihnen ist eine Freude.

Ich habe mich noch nicht ganz von meiner Argentinienreise erholt. Wie eine schwere Last – die zwar leichter wird – trage ich die Erinnerung mit mir herum. Was mein Vater an Gutem für seine Familie getan hat, ist die "Verlegung" nach Deutschland. Denn dort Geborene sind noch lange keine Argentinos. Immer schleppen sie Heim- und Fernweh mit sich als Ballast, kommen nicht zur Ruhe, wenn sie nicht geheilt werden wie ich im Lande der Eltern. Ich bin seit 1935 hier in Berlin – Brandenburg zu Hause, nicht in Hamburg, nicht in München – obwohl ich dort gern zu Besuch bin, weil Freunde da sind.

Hier sind die Widersprüche in der Entwicklung zwar groß, aber auch die Chaoten, "Autonomen" und die Ausländer werden nicht umhin können mitzumachen, um unsere dunklen Kiefernwälder, Sumpf und Sand zu bewahren, aber auch den Menschen Wurzeln zu erhalten oder zu geben. Steige hoch, du roter Adler! Mit dem Bären warst Du schon immer verbunden, trugst ihn sogar schon in Deinen Klauen oder ließest ihn an Brandenburg – Preußens Kette hängen.

Preußens Tugenden kamen nicht von irgendwo her. Dieses karge Land sah von der Natur ab, was im Leben notwendig ist: Ausdauer, Bescheidenheit, Zuverlässigkeit, eine gewisse Naivität und Dank ans Leben, das immer wieder durchbrach ans Tageslicht nach Pest und Cholera nach dreißigjährigem Krieg, nach dem völligen Zusammenbruch 1945.

Eigentümlich: Hunderte von Tagen vergehen im Gleichmaß. Das tägliche Einerlei. Sie sind die Ursache fürs Altern. Man hätte ja sonst keinen Grund, übers Altwerden zu stöhnen!

Aber das ständige Sichwiederholen, die Öde dabei, sie rupfen und zerren an der Jugend, und alle 7 Jahre – wie man sagt – schlagen Quantitäten in neue Qualität um.

Dabei ist der Begriff Qualität als Minus zu werten; denn es zwickt dann nach der Pubertät hier, bald dort, der Ischiasnerv macht sich bemerkbar, und Knochenbrüche wachsen immer langsamer zusammen; auch das Gedächtnis läßt von Stufe zu Stufe nach, und ist man alt genug, könnte man Politiker werden.

Aber wie wunderbar: Zwischen die Eintönigkeiten schieben sich Tage, manchmal nur Stunden, meistens nur Minuten. Und das sind die Augenblicke der Entwicklung! Allerdings, ohne Wachstum entwickelt sich selten etwas, aber das Moment des Umschlagens formt unser Leben in höherem Sinne; denn Leben ist nicht nur Stoffwechsel schlechthin, Beweglichkeit von einem Ort zum andern und Wachsen. Leben ist Liebe, Leben ist neue Erkenntnis, Leben ist eine stets neue Sicht auf die Dinge, Leben treibt einen also voran!

Und diese "Sternstunden" oder "-minuten" bleiben in unserer Erinnerung, sie sind später die Etappen des Lebens, deren wir uns bis ins Totenbett gegenwärtig sind. Der stürzende Bergsteiger, erzählen Gerettete, sieht sein Leben in diesen Höhepunkten überdeutlich und minutiös vorüberziehen. Wir anderen, den Grat des Lebens langsamer, vorsichtiger hinabsteigend machen es ganz ähnlich: das Leben ist Erleben und dieses eingekerbt in die Rinde des Lebensbaumes, unvergeßlich!

Die Veilchen aus unserem Vorgarten, für meine Mutter gepflückt, obwohl ich mir nicht sicher war, ob sie sich freuen wird....

Die verlorenen 20 Pesos, die ich als Schusselkopf nur als Papierpäckchen ansah, nachdem ich alle Ermahnungen, auf das Geld zu achten, gar nicht vernommen hatte, und "einfach" wegwarf, mich am Fortschwimmen und langsamen Untergehen erfreuend, wofür ich einen ganzen Tag lang ausgesperrt wurde...

Die Angst vom Schiff zu fallen, weil's ja keinen "Zaun" gab, ich jedenfalls niemals einen wahrgenommen hatte trotz meiner Hafenerfahrung in Buenos Aires...

Der erste Kuß! Ein Zauber der Berührung mit einem weiblichen Wesen...

Der Abend auf dem LKW – abkommandiert zur Flak; wir sangen und wollten Soldaten sein..

Die Liebe zu "Thildchen": Errötend folgt er ihren Spuren und ist von ihrem Gruß beglückt! Liebe in jugendlich – höheren Sphären, wie sie ein romantisch veranlagter Junge, ein Luftwaffenhelfer auf seltenem Urlaub, die Umarmung und Wonnen der Gemeinsamkeit erlebend...in Erinnerung behält...

Die Feuertaufe als Infanterist mit dem schweren Artillerieüberfall auf Grünewald – Schönebeck an der Elbe und der Tod des Karl – Wilhelm Keiner aus dem Hessischen,16 Jahre alt...

Mit ein paar anderen sitze ich am Bahndamm Berlin – Hamburg – Berlin fast genau zehn Jahre nach meiner ersten Bahnfahrt zu den Tanten in der Jablonskistraße im Mai 1935; wir haben kapituliert und kampieren im warmen Sand neben dem Kartoffelfeuer. Ein Ostpreuße, Berliner und Irgendwoher – Soldaten. Deutschland – Dich gibt es ja nicht mehr, auch wenn es laut Churchill (sogar schriftlich) in den Grenzen von 1937 weiterbestehen soll! Nach wundervoller Schiffsreise von Argentinien, die mich um Jahre verständnisvoller, kenntnisreicher werden ließ, war nun auch keine Fernbahnreise mehr möglich; Deutschland war ein Chaos...

Zwei Iwans schlagen mich halbtot, weil ich sie – auf die Küchenuhr in den Händen des einen deutend – nach der Uhrzeit frage, nichts ahnend: Man hatte ihnen keinen Wodka verkaufen können; Deutsche Besatzungszone der Sowjets "erfreute" sich damals des

"Alkolats", ein für "Sowjetsoldaten" ungenießbares Gesöff...

Das bestandene Abitur! Als Externer darf man alle Fächer mündlich und schriftlich "ablegen". "Erni" nahm mich in die Arme...

Junger Lehrer in meiner geliebten ersten Schulklasse 3b. An die lieben Kerlchen, an meinen Schützling Manfred Röseler denke ich noch heute...

"Staatsverleumdung", Gefängnis; vierzehn Tage lang kriege ich kaum einen Bissen runter! "Wer einmal aus dem Blechnapf fraß"; aber sie kriegen mich nicht "kirre"...

Fachhochschulabschluß als Werbeökonom. Vom Werbehilfsarbeiter, der ich gnädiger Weise werden durfte, zum Stellvertreter des Chefs, der damals in meiner "Ära" noch kein Genosse war...

Herzinfarkt – die DDR ist kaputt, Honecker von den eigenen Genossen entmachtet – ich bin nicht kaputtgegangen, obwohl der Stasi mich in seinen Klauen hatte...

Fahrt durch norwegische Fjode nach Murmansk – sehr lehrreich das sowjetische Regime im Norden – mit einem Abspringer an Bord in Bergen auf der Rückreise, um der "DDR" zu entgehen...

Die Hochzeit am heißesten Tage des Jahres 1967 mit dem Spalier so vieler Kollegen, die Blumen streuen, mit hochgehaltenen gekreuzten Reißschienen und Malstöcken gratulieren, dem Brot und Salz einer Bewohnerin der Umgebung und den glücklichen Müttern, Helgas und meiner. Britta ruft später: "Am 14.Juli da haben wir geheiratet", sie ist fünf Jahre alt, und Claudia wird im Februar kommen. Konventionen! Alle über den Haufen geworfen...Claudia auf meinem Schoß, vierjährig. Ich sage zu ihr: Ach, mein Bübchen,

Bübchen – mein kleiner Mensch..." (Sie erinnert sich bis heute daran...)

Prag – Budapest, erlaubtes Ausland, weniger streng – gläubig als die Deutschen in der Deutschen Demokratischen Republik...

MfS – "Schule fürs Leben", aber für das Leben nach dem Fall der Mauer...

Herausragende Ereignisse entwicklungsbestimmend! Die DDR durchschaut, fürs Dasein nach ihrem Untergang vorbereitet. Gute Freunde wie Wilfried und Frank, Herr Dr. Balk – mein Infarktspezialist, Herr Dr. sc. Kiesewetter, Begleiter zurück ins volle Menschenleben und nicht zum Schluß die Familie, an ihrer Spitze Helga und die Mädchen Britta und Claudia, last but not least Gefährten, Helfer, Mitleidende, Mithelfer.

Auch so mancher "Mitstreiter" im Krieg, in der Kriegsgefangenschaft und in der Welt der Arbeit und des Broterwerbs hat meine Entwicklung vorangetrieben.

Das alles festzuhalten ist mir Bedürfnis, da es das Leben lebenswert machte und macht.

Hoffentlich werden es noch 20 Jahre!

Gauck

Nach einem Jahr und einem Monat habe ich die Erlaubnis bekommen, meine Stasiakte einsehen zu dürfen. In der Ruschestraße, Haus 7, setze ich mich in den Lesesaal, nachdem ich in die erlaubten Geheimnisse des Vorganges eingewiesen wurde. Mein "persönlicher" Referent hat die acht prallen Hefter vorbereitet, d.h. aufs neue numeriert, da die Stasileute trotz aller Akribie im Seitenzählen es nicht auf 100% gebracht hatten. Die jetzige Seitenbenennungen sind in einem Rechteckstempel zu finden. Archiv – Nummer und Bandzahlen stammen wohl noch aus der MfS – Zählung. Ich darf zusammengeklammerte Seitenbündel nicht öffnen; Namen irgendwelcher Leute sind unkenntlich gemacht – ich frage mich: "Welche?"

Im Saal sind Tische vorbereitet; manche Leute kommen wegen geplanter Maßnahmen mit ihrem Rechtsanwalt, brauchen also Doppeltische wie z.B. Ehepaare, die gemeinsam lesen wollen. Eine Dame ist Helferin und Beobachterin zugleich; denn es gibt Fragen genug, und es darf ja nichts entnommen werden; so herrschen Ordnung und Sicherheit nach allen Seiten. Der Personalausweis ruht drunten bei der Wache; man hat sein Hausbesucherschild "um", numeriert und von weitem erkennbar. Will man Kopien oder sein Eigentum (z.B. Manuskripte) erhalten, muß man einen Antrag mit dem Betreuer ausfüllen, die obligaten Gebühren für die Ablichtungen am Schluß der Prozedur an der Kasse einzahlen; auch ist es wichtig, ob man die gewünschten Unterlagen selbst abholen oder sich schicken lassen will.

Mit sich selbst und den Erinnerungen allein, beginnt man das Lesen. Ein Generalmajor,...Genosse Hauptmann,..Major etc. haben sich um Dich bemüht!

Berichte; Vernehmerprotokolle des Oberleutnant Martin; "Zeugenaussagen"; Einschätzungen, Berichte der "Quelle" - ...unsere Quelle...- Fotos von Wohnung, Keller, Wochenendhaus sind Schwarz–Weiß im Format 7x9 cm, einzeln aufgeklebt vorhanden und die vielen Hundert Seiten Deiner Manuskripte des "Jahrgang 27" – "Rolf Ihlefeldt gewidmet" füllen Teile des 7. Und 8. "Deckels".

Da findest Du dann die "Legende1" und "2" der beiden Offiziere wieder, die damals in der Köpenicker Straße erschienen waren, um Frau He... zu durchleuchten, die in der Organistion "Helfende Hände" Verfolgten Beistand geleistet hat und – ich lese und staune – auf die ich als IM angesetzt werden sollte...nur die politische Indifferenz und die ablehnende Haltung gegenüber den beiden ließen Abstand davon nehmen. Im übrigen steht unter der "Legende2", Sommer schreibe seine Memoiren mit feindlichem Inhalt...(Woher gewußt? Welcher Zusammenhang? Bestätigung der Richtigkeit...Sommer nicht "ansetzen" zu wollen?). Tja, und die "Quelle" solle nicht weiter in Anspruch genommen werden, da Ehescheidung und Trennung von der Familie sie "aufdecken" würde, was auf jeden Fall zu vermeiden sei (Ein Offizier weist ausdrücklich darauf hin...).

Dann folgt ein Protokoll der Befragtenaussage des K., Frank – Ulrich, Helmut. Der Inhalt "schlängelt sich" man so durch, viel erzählen und nichts sagen. "Memoiren, ja, aber daß darin der Feind spricht, das ist denn doch nicht zu glauben; aber wenn man das erläutert bekommt, muß man wohl diese Tat verurteilen...".

Und da taucht der Begriff "IM Frank – Helmut" auf...(???); ich wurde als Kind nicht mit dem "Klammerbeutel gepudert". Frank – Ulrich, Helmut K., das ist der eigene Ex - Schwager (!!!) Der Groschen aus dem Klammerbeutel fällt rasch und oft geäußerter Verdacht aus der Familie wird glasklar: Sie haben alle "Register gezogen"! (Was haben die erst bei wichtigen Leuten, bei Staatsfeinden Nr.1 angestellt?) Vor wem hatten die Angst trotz aller zur Schau getragenen Stärke, hochgerüsteter Truppen der Ministerien für "Nationale Verteidigung" und "Staatssicherheit" und der Polizei, unterstellt dem "Ministerium des Innern"? "Kampfgruppen der Arbeiterklasse" hatten sie auch noch...

Sommer schreibt seine Memoiren!!!

Ich muß beim Lesen grinsen, werde nahezu fröhlich; denn wenn selbst ein Generalmajor sich mit mir beschäftigte!

Bei meinem Antrag auf Rehabilitierung hatte das Rehagericht einstimmig meinen Zusatzantrag auf Rückgabe der Fotos meines Wohn- und Lebens – Intimbereichs abgelehnt! (Es wäre ja mit diesen Bildern nichts gegen mich unternommen worden.) Ich hatte ausdrücklich auf die fehlende Aufnahmegenehmigung hingewiesen und das Fotografieren als einen Willkürakt des MfS bezeichnet. Die weltfremden Herren Richter wiesen auch die zweite Forderung nach Herausgabe ab; was ist das für eine "harmlose" Rechtssprechung? Und nun finde ich die (für eine mißbräuchliche Benutzung geradezu herausfordernden) Innen-aufnahmen in meiner Akte! Und nun werde ich sie doch – wenn auch nur die Duplikate – zurück-bekommen und die einstimmigen Rechtssprecher sind ausgebootet. (mit einer Harmlosigkeit betrachten Juristen der ehemaligen Bundesrepublik (West-) Deutschland die Machenschaften der DDR–Organe aller Art. Für sie zählt nur das Papier aus jener unheilvollen sogar verbrecherischen Ära;

Zusammenhänge, Zeugenaussagen, Erfahrungen mit den mit "allen Wassern gewaschenen" DDR – Schergen existieren für sie nicht – oder die "Aufarbeitung" darf nicht zu viel Mühe machen: Man könnte ja eventuell Geschädigte einvernehmen, Tatbestände, von den Antragstellern in zusätzlichen Erklärungen ausführlich geschildert, prüfen; Willkürhandlungen vieler "Verteidiger des Sozialismus" zum Verhandlungsgegenstand oder im Umfeld zählen nicht. Das ist ja alles schon lange her! Wie ein dummer Junge wird man behandelt: Warum war man so blöd, gegen die DDR gewesen zu sein! In den Jahren bis 1989 haben sie allesamt Bonner Spießbürgerpolitik nach innen und außen betrieben; die "Mauer" war ihre Deckung im Rücken vor Sturm, Regen und Wind! Honeckerprozeß und das Hin und Her mit Grenzern und ihren Befehlshabern stinken zum Himmel. Rechtsstaat? Was ist das? Staat der Haie, die mit ihren messerscharfen Schneiden das Recht kappen. Mir ward übel, und die Arroganz der richterlichen Exekutive stinkt zum Himmel.

Anonymität ist grenzenlos.

EG / Serbien

Dieser 10.Mai 1993 wird durch die heute gezeigte Ignoranz, Dummheit, Naivität und Blödheit der 12 Außenminister nicht mehr übertroffen werden können!
Gestern sollte Herr Milosevic vor ein Kriegsgericht als Verbrecher gegen den Frieden! Kriegsverbrecher, auf dessen Truppen die US – Amerikaner gezielt Bomben und Bordwaffen einsetzen wollten. Herr Karadzic hat zwar selbst den Friedensplan für Bosnien unterschrieben, aber seine "Mannen" denken nicht daran, ihn anzuerkennen!
Sofort alle Maßnahmen stoppen, die Serben wollen Frieden! Der verblödete – vertrauensselige Außenminister H., wie einst Chamberlain vor Hitlers treuem Hundezüchterblick, wiederholt die Geschichte und müßte als der Anführer der 12 einen Arschtritt kriegen!
Und Herr Kinkel? Er signalisiert selbstverständlich zu jedem "Schritt" völlige Übereinstimmung! Da auch wir Deutschen nichts gelernt haben aus 1938 / München, sollte die EG von der Bildfläche verschwinden!
Sieht man die 12 grinsen, Witze erzählen und vergleicht dagegen die Verachtung aller Werte, durch Mord, Vergewaltigung und Totschlag, Zerstörung einer Landschaft im ehemaligen Jugoslawien – selbst die Kroaten und Moslems morden sich gegenseitig – dann könnte man das Grausen kriegen!
Wie sagte Max Liebermann? "Man kann gar nicht soviel fressen,, wie man kotzen möchte!" (Milosevic und Karadzic haben sich schlau verabredet – sie haben die EG – Vertreter schon immer für bekloppt gehalten!)

14.01.94

So viele Lyriker, Liedermacher und Dichter wie zu DDR – Endzeiten hat's wohl selten gegeben!

Noch heute holt sie das Fernsehen aus der Versenkung, diese seltsamen Vögel; einer immer bedeutender als der andere, "Anderson – Arschloch" (ein Terminus des Herrn Biermann), der sei als Mittelpunkt erwähnt. Sie stammen alle aus dem Prenzelberg – eine ideotische Sachsen –Terminologie- das Berlinerische diskriminierender Name des Prenzlauer Berges. Sie sehen alle versoffen und verkommen aus, gefallen sich in Ungepflegtheit und haben ein großes Maul – wahrscheinlich um ihre einmalige "Qualität" zu untermauern.

Und Anderson, er war ein dreckiger Spitzel, der seinen Kotau vor den Stasischergen machte, noch nicht einmal heute den Mut hat, seine Erbärmlichkeit zuzugeben, er ist also das "Schwein" geblieben, in eine Reihe mit Böhme, Schnur und ähnliche einzuordnen!

"Schnurgrade in de Mesiäre" schrieb einer aus dem Volk an die Wand. Und so ist es auch gekommen. "Große Fresse" und nichts dahinter, dämlich quatschen und sich vor Arbeit drücken; Krawnik und Konsorten, Pseudolyriker und Lumpenproletariatslinke. Warum man diese Typen nicht in die "Mache" genommen hat, liegt daran, daß die Staatsvertreter nicht viel besser sind: Einsacken, als Hai anderen die Kehle zerreißen, als Betrüger die arbeitssame Allgemeinheit hinters Licht führen. Nun ist sogar Herbert Wehner ein Verräter gewesen; also entpuppt sich doch alles Linke als Dreck! Und so lauten auch immer noch ihre Parolen: "Bildet Banden!", "Deutschland hau ab!" (Das Komma haben sie vergessen!)

"Lottokönige" aus Hessen, marode Schiffseigner, die Hunderte Ertrunkener vor Belgien und Rügen auf dem Gewissen haben; Zigarettenschieber, die 75 Millionen Zigaretten illegal aus dem Osten einschleusen wollten, aber auch ebenso viele und noch mehr hereingebracht haben. Schwarzarbeiter unter den Fittichen fettiger Unternehmer, mindestens 5 Milliarden Mark durch Betrug der Steuer entzogen. Wienand – ein Staatsspitzel, Distel ein Hasardpolitiker und Fettauge auf der Brühe von Dreck und Charakterlosigkeit, Nawrocki, Absahner, Parteifreund und Schwadronör – aber seine "Kohle" stimmt, nun als sauberer S – Bahn – Chef; wann fährt die letzte S – Bahn? Nee, da gibt es keine Alternativen mehr: Keinem die Stimme geben, weder bei Kommunal-, Landtags- oder Bundestagswahl. Gruppe der Nichtwähler als stärkste Absage!

Das geht an die Nerven, "aufn Docht", setzt die Geduld auf eine "harte Probe": Wird mein "Jahrgang 27 "von der "Brandenburgischen Verlagsanstalt" angenommen? Der Lektor, Herr Egon Krenz (mit dem "großen" weder verwandt noch verschwägert), fand das ganze akzeptabel: "Mann, haben sie viel erlebt! Ich muß dem Herrn Generaldirektor – 's ist'n Westler – überzeugend beibringen, es zu nehmen. Die sind nicht so sehr für Belletristik, sie sind mehr für Zeitgeschichte. Aber, das ist Zeitgeschichte, "Jahrgang 27", ja ist 'was dran. Geben Sie mir noch 14 Tage Zeit, ich habe noch nicht alles gelesen".

"Da wird auch manches überarbeitet werden müssen, das ist klar. Hoffentlich liest sich das unkorrigiert. Die junge Dame, die das Manuskript schrieb, ist noch in der Ausbildung, weiß und versteht aber auch nicht alles, weil sie's nicht kennt. Vieles von damals – es muß im Gedächtnis der Menschen bleiben, da ist viel

Zeitgeschehen drin, verbunden mit einem Einzelschicksal, es darf nicht vergessen werden". "Ja, ich tue mein bestes!" "Auf Wiedersehen"!

Heute vor einem Jahr brach ich mir beim Ausrutschen im Bad "probably" fünf Rippen, was Qualen bis in den Mai hineinbrachte.

Vor zwei Jahren am 2.Februar hatte ich einen "Black out" und erwachte auf der "Neurologischen" im Krankenhaus Friedrichshain, verblieb dort 3 Wochen und war wieder o.k., obwohl ich die Tabletten gegen "Altersepilepsie" nicht nahm. Bei der vorgegebenen Dosis wäre ich keine drei, vier Monate mehr am Leben gewesen. Alle EKG und EEG, Reaktionstests und Untersuchungen liefen so gut aus, als ob ich das "Finlepsin" in Überdosis genommen hätte.

Am 17.12.93 – glaube ich – lieferte ich mein Manuskript "Jahrgang 27" ab. Heute ist nun bereits der 21.Februar 1994.

Herr Krenz, Egon, versicherte mir Genauigkeit und Verantwortung bei jedem – also auch meinem "Machwerk" zu.

Jeden Tag: 10.30 Post? Ja, alles Mögliche und Unmögliche kommt, wird unter dem mir nun schon als unmöglich erscheinenden positiven Bescheid des Verlages dennoch die langersehnte Zusage herausrutschen? Quasi völlig überraschend? Ich wäre wieder ein Mensch, wieder zu etwas zu gebrauchen, denn meine "Zeit des Nachdenkens" wartet darauf, die Zeitgenossen zu beglücken! Sind denn die "Gsangs" und die Böhms und die "Dichter" und die "Schriftsteller" alle so viel wertvoller?

Vielleicht ja – da jetzt sogar der richterliche Rahabilitierungsbeschluß für die Stasihaft vom Landesversorgungsamt wegen der 1650 DM Entschädigung "für die zur DDR–Zeit erlittenen

Nachteile..." (oder so ähnlich) angezweifelt wird und bis jetzt in etwa mehr als einem Jahr von der Gauckbehörde als tatsächlich wegen "Nachrichten zum Schaden der DDR.." als Tat gegen diesen ehemaligen Staat anerkannt wurde!

Da hört man denn, daß Herr Jenninger 1984 bereits die Erfassungsstelle für DDR – Untaten hatte schließen lassen wollen! Diese falschen Mucker! Und der Herr Bundeskanzler hat's gewußt. Herr Grauweiler – ein Betrüger, Herr Stoiber, ein korrupter "Reisender", die Wessis in Sachsen – Anhalt mit über 1 Million in der Gaunerriege, Herr Diestel, ein Doppelverdiener – alles verdächtige "Macher", Frau von Braun, eine großmäulige Nutznießerin von Parteigeldern! "Ich kann ja nicht so viel fressen, wie ich kotzen möchte!" Jawohl, Herr Max Liebermann, ehrliche Haut! Siehste, Nawrocki ist dran. Akten vernichtet, 50.000 Deutsche Mark (!) als "Abfindung" (für seine glorreiche Olympia – Tätigkeit –ha, ha !) unter den "Nagel gerissen". Parteifreund des Herrn Diepgen. Die S- Bahn hat ihn "beurlaubt", d.h. er kriegt seine "Bezüge" weiter, dieser Mann. Aber er paßt in seine Umgebung des "Selbstbedienungsladens Bundesrepublik Deutschland"!

Bald hält man weder das noch die Feigheit in Europa gegenüber den Serben und das "So tun – als – ob" mit scheinheiligen Drohungen aus.

Keinen dieser "sauberen Leute" wählen, weder im Oktober noch ins Europaparlament!

23.02.94

Heute wollte ich Herrn Krenz im Verlag anrufen: Unverständlicher Weise war kein "Anschluß unter dieser (der ausgedruckten) Nummer". Es ist zum

Jaulen, aber morgen gehe ich, um mir Klarheit zu verschaffen, direkt zum Lektor.

Anschließend will ich die leidigen Grundstücks- und Entschädigungsgeschichten unter einen Hut – den Hut der festen Termine – bringen. Das wird ein Gerangel werden! Gerangel? Herr Krenz rief bei meinem Anblick: " Oh, das schlechte Gewissen!" Ich nahm Platz, er verließ das Zimmer und ich konnte eine "Lose – Blatt – Druckfahnen – Sammlung" sehen mit der Aufschrift ... das 345.Infanterieregiment bei der Verteidigung Küstrins 1944/45. ...

Wir brauchen 20.000 Mark für ihr Buch! Ich werde den Programmdirektor überzeugen..." Da kommt der Direktor. "Das ist Herr Gutsche, Her Sommer , er hatte ein Manuskript hier" "... angenehm, noch ein Manuskript", "Eigentlich wollte ich nur etwas fragen..." Er spricht – "Auf Wiedersehen!" Er geht. "Tja, Herr Sommer, wir werden sehen; ich rufe Sie an, schicke ein Telegramm!" "Nun ich werde kommen. Am 8.März werde ich bei Ihnen wieder vorsprechen. Wenn Sie dahinter stehen, ich einige Änderungen vornehme, die zu scharfen Ausdrücke mildere, da ja die Sicht auf gestern sich wandelt – also bis zum 8.März." "Ist gut! Auf Wiedersehen!" –

Das Grundstück gehört uns! Frau Hütterer vom Larov (LAROV): "Ich habe die Antwort schon an die Schreibabteilung weitergegeben. Die Erbengemeinschaft hat keinen Widerspruch eingelegt, auch nach dem ersten Bescheid tat sie es nicht. Nun ist der Bescheid an Sie bestandsfähig!" "Ja, ich erwarte Ihre Post schon lange, da ja der Januar vorbei ist und Ihr Bescheid ja schon rechtskräftig ist." "Ja, so nennen Sie das! Also die Post müßte bald ankommen!"" Eine Auskunft zum Eintragen des Vorkaufsrechts und andere Details kann ich Ihnen nicht geben", sagt Frau

Fabis. Gilt ein Bescheid des LAROV als Negativbescheid? Für alle Fälle bitte ein Formular, ja? Alles und Nichts, es kann auch mit "Viel Aufwand und wenig Ergebnis" bezeichnet werden. Geduld! Geduld! Hoffen und Harren – Narren, 28.02.94

Am 30.03. (!) nun ist nach fast 30 Jahren das Anwesen Kohlisstraße 47 "bestandskräftig" in unseren (Helgas und meinen) Händen; per 22.04.94 ist es also rechtskräftig, daß wir Grundstücksbesitz haben "Grund und Boden" unser ist

Die Menschenrechtsverletzer, d.h. der politische und mächtige Kopf der Türken, der für seine Landsleute alle Rechte hier in Deutschland fordert, verweigert sie den Kurden nicht nur, sondern er läßt seine Soldateska in Kurdistan Kinder, Frauen, Greise, die Männer hauptsächlich morden, totschlagen, lebendig unter ihren Haustrümmern begraben – und das alles mit deutschen Waffen! Angeblich wurden dem NATO – Partner im Rahmen dieses Paktes die Panzer, Geschütze, MG, MPi, Handgranaten, Flammenwerfer, Bomben und Flugzeuge zur "Verteidigung" geliefert!

Kurdistan den Kurden, bestehend aus Südteilen Armeniens, Georgiens, Aserbaidschans; aus westlichen Gebieten Irans, nördlicher Zone Iraks, Nordteilen Syriens! Wo aber sind die Weltordner, Herr Budrosgali (phonet.)?

1994 im März

Am schönsten ist die Landschaft im beginnenden Frühling. Alles ringsherum ist wie blankgeputzt. Durch Bäume und Sträucher kann man hindurchsehen, die kleinen grünen Blattansätze versperren noch nicht die Sicht. Eine Ausnahme bilden schon die   Forsythien . Die Schatten der ersten warmen Sonne sind zartgliedrig wie die heitere Luft. Die Wärme ist duftig und schwebt; noch lastet sie nicht. Alle Piepmätze singen, wie von Freude beflügelt, und das tremolierende Konzert zittert kurzschwingig im geplusterten Himmel. Wie Tupfen stehn die Schäfchenwolken im lichten Blau der großen gläsernen Kuppel des Erdendoms. Krokusse schmeicheln in Violett und Pastellgelb, weiß und zartrosa dem ersten Grün des Grases, und hauchender Wind fächelt die Natur.

Die Meisen suchen ihr Nistquartier, begutachten die von Menschenhand angebrachten Häuschen. Sie sind "von Natur aus" vorsichtig, fliegen nie gemeinsam zur neuen Wohnung und auch nicht direkt zum Ausflugsloch. Ein kleiner Partner bleibt beobachtend wartend einige Äste höher auf wippendem Sitz zurück. Dann wechseln sie sich ab.

Überall zeigt sich ein neues Leben! Aber es wird nicht ungehindert Frühling! Wolken, Regen, Graupel – ja Hagel verdecken den Sonnenschein, und kalte Winde brechen über Gebüsch und Wiesen herein!

Es dauert schon ein Weilchen, bis sich in unseren Breiten Beständigkeit durchsetzt.

Und flugs ist der März vorbei, der April spielt seine "Zitterpartie", und auch im Mai müssen die launischen Eisheiligen erst abgewartet werden, ehe Pelargonien, Geranien und Oleander ganz und gar im Freien bleiben dürfen.

"Die "Schafskälte" macht noch einmal zur Wende Mai – Juni die Gegend "unsicher", Frost hat's sogar um diese Zeit des öfteren gegeben, so daß sogar die jungen Eichentriebe, die Rosenknospen Schaden nahmen.

So ist's auch mit der menschlichen Entwicklung: Kein noch so überzeugender Friedensfortschritt ist nicht Gefahren ausgesetzt, und Mütter und Kinder, Alte, Kranke --sogar die jungen Leute sind schweren

Gefahren ausgesetzt. Die trotz allem herrschende frohe Stimmung in der Natur scheint dem Menschen nicht als Vorteil zu dienen, er liebt scheinbar Rückschläge und Chaos, weil für ihn ein paar "Verantwortliche" denken und handeln. Wann findet man eine Form des Zusammenlebens, die die Sucht nach Macht unmöglich werden läßt, die die Liebe aller Menschen untereinander keimen, blühen und entwickeln läßt, durchschaubar und blankgeputzt wie der holde Frühling?

Die Wahl des Bundespräsidenten? Trotz Wahlordnung und Wahlmännernominierung, trotz dreier Wahl-gänge, trotz "freier" Kandidaturvorschläge, trotz vermeintlicher Verantwortung vor dem eigenen Gewissen ist die "Wahl" eine Farce. Schon die Zahl der Wahlmänner nach den Sitzen im Bundestag pro Partei ist eine Farce. Und wenn dann noch Arschkriecher Koalitionszwänge mitbringen (die sie dann letzten Endes nicht verdecken können, obwohl ein Schein von freier Entscheidung im dritten "Wahlgang" gewahrt werden könnte!), dann wird die Farce zum Theater.

Daß Frau Hamm – Brücher das mitmachte, obwohl sie ihren Schlappschwanz von Parteivorsitzenden genau kennt, kann man nur verstehen, weil vor den drei Gängen einige ganz "Freie" Demokraten den Gegenkandidaten (den rechnerisch sowieso unterlegenen) als "ihren" aussprachen!

Herr Kohl saß breit in seinem Sessel, des "Sieges" gewiß! (wie damals, als Herr Genscher das Spiel der Intrige bis zum letzten ausgekostete hatte.)

Deutschland ist verkrampft? Das muß uns ein Herzog sagen. Was er damit meint? Wer weiß, vielleicht meint er es ehrlich, wir sollten uns nicht selbst "bemachen" und die Nachkriegsära beenden, wie es Gorbatschow tat, und das hieße patriotisch handeln, sein Vaterland

111

lieben und den anderen die Wahrheit sagen, das hieße auch, nicht am Feigheitsconsortium gegenüber den dreckigen serbischen Kommunisten teilnehmen und nicht mit Milliarden den Krieg gegen die Palästinenser unterstützen, da die Holocaust – Überlebenden die Gelder nie voll in die Hand bekamen. Das hieße z.B. auch Verbrecher unter den Ausländern, die hier Gäste sind, unschädlich zu machen; das hieße, der Justiz endlich ein Gewissen zu verpassen! Daß hieße, die blödsinnigen Hunderttausender–Gehälter für die Leute an der Krippe abzuschaffen und nicht noch dem Arbeitslosen, dem Sozialhilfeempfänger, den Alleinerziehenden, den krankgeschriebenen Arbeitslosen das bißchen Geld zu kürzen, den gestützten Fahrschein zu entwenden, alle diese in der Luft hängen zu lassen. Das hieße Polizei modern auszustatten, der Mafia ins Zimmer zu hören und zur Abschreckung die Todesstrafe für Mörder und Mordstifter anzuwenden – also: Keine Tabus mehr – offen sein und Dreckskerlen das Handwerk legen und die alten Stasileute jetzt noch belangen!

Wie's scheint, wird es modern, PDS – Glaubensbruder zu werden. Ebenso neuzeitlich ist es, unter Jüngeren Gewalt anzuwenden, dazu Glatze und Knüppel zu tragen.

Heute, am 2.10.1994 kann man – auf ein paar Tage vorher zurückblickend - sagen: Kurden zusammenschlagen ist leichter als der Türkei Kriegsverbrechen im Frieden vorzuwerfen: Sie morden, sie zerstören, sie lynchen und rotten die Kurden aus – das ganze Jahr hindurch wie's vorige und vorvorige und so weiter. (Lange habe ich Dich nicht in die Hand genommen, geduldiges Buch mit Ringblättern!)

Fast ein ganzes Jahr ist verflossen, mein Buch "Jahrgang 27" ist noch immer nicht unter "Fach und Dach". X Verlage haben abgelehnt: Nicht in unserem Programm abzuarbeiten, spannend erzählt, aber wir liegen auf der dokumentarischen Ebene; gut, daß die Legende, alle DDR-Bürger hätten mit dem Regime geheult, durch Sie, Herr Sommer, widerlegt wird, aber wir erhalten keinen Zuschuß von der "Bundesleitzentrale für politische Bildung", allein können wir als finanzschwacher Verlag das Risiko von ca. 25.000 DM nicht tragen...

"Schnee von gestern", von einem gebracht, der keinen Stasinamen, kein "Alibi" hat, dessen Name unbekannt ist. Ein kleines Arschloch hat keine große Lobby; man muß schon einen Posten in der DDR gehabt haben.

Die alten Freunde können oder wollen nicht helfen, alle sind mit einem Male so hilflos, kennen niemanden aus dem Verlagswesen, aus dem Buchgewerbe, obwohl vorheriges Schulterklopfen "Laß man, das ist ein Kinderspiel", und "wohlwollendes" Einsetzen selbstverständlich waren.

Jetzt ist nur noch der Lübbe – Verlag in München ein Schimmer von Hoffnung. Beim Finanzamt habe ich die Schriftstellerei abgemeldet. "Entlassen Sie mich bitte aus der Erklärungspflicht durch meine Schriftstellerei, die mich horrend viel gekostet hat, die mir nur Minus gebracht hat."

16.Oktober 1994, vier Wahlen: Mecklenburg – Vorpommern, Thüringen und Saarland einerseits, die zum Bundestag andererseits.

Die PDS im "Aufwind"? Das haben wir den Sachsen in Berlin, den Lumpenproleten in Mitte, Prenzlauer Berg, Hellersdorf – Marzahn, aber auch den DDR – Priviligierten in der Hauptstadt, was Süd – DDRlern entspricht, zu verdanken! Dazu kommen Leute aus der

Links – Presse, der Linksmanie der Presse wie Herrn Alexander Gsang in der Berliner Zeitung, aber auch seinem Herrn, seinem Chef zu verdanken!!! Sie liebäugeln ja mit den Linken geradezu! Was haben sie davon? Das ist doch wie der Tanz ums "Goldene Kalb", sprich: Ein Buhlen um Auflagenhöhe bzw. "Verbundensein" mit den "Lesern" (die sich gelobhudelt fühlen), die bei Ulbricht – Honecker Schwimmer auf der Fettbrühe waren, weil sie den "Klassenstandpunkt" vertraten! Sie waren geschmiert worden mit allen Mitteln ökonomischer Vorteile! Die Deutschen rennen zu 40% gern einem Rattenfänger nach; macht der seine "Sache" gut, folgen weitere 50% - das aber nur, solange es wirklich gut geht! Sie halten, von der Knute geduckt, auch noch eine "schlechte" Weile durch, dann haben sie die "Schnauze voll", machen aber immer noch (in Schach gehalten) weiter mit, bis "alles in Scherben fällt".

Kommt ein neuer "Zaubergeiger" (mit den zwingendsten Parolen: Der Kommunismus ist allmächtig, weil er wahr ist etc....) sind sie wieder dabei, weil's so wenig zum Mitdenken gibt, weil der "Überbau" die Sorgen abnimmt, jeden Furz regelt! Die Sachsen sind dazu das Musterbeispiel. Opposition üben sie nur, wenn's kein Risiko bedeutet, und so sind's mehrere Millionen, vom Sozialismus in ein gutes Leben umgepflanzt (nach Berlin – Hellersdorf, - Marzahn, nach Potsdam, in die Ballungsgebiete der DDR [Schwerin, Schwedt, Frankfurt/Oder ...aus ihren traurigen Hinterwäldlerdörfern in den Stadtbezirken "Prenzl – Berg“, in den Friedrichshain, nach Mitte – überall, wo's Zentralheizung für Seele und Arsch gibt...], das ihnen über Gebühr sattes Geld und viele Vorteile brachte).

Das wollen sie alles weiter erhalten, diese nutzlosen Schmarotzer aus den Parteibüros und Ministerien, von denen aus sie Menschen quälten, mit jahrelangen Haftstrafen töteten! Der Klassenstandpunkt , war das Entscheidende für diese Dreckskerle: "Wir waren doch eine ganze Familie".

Und nun wählen sie PDS, von den Medien hochgepäppelt von den blauäugigen Politikern in CDU/ CSU, Sozialdemokraten, Grünen als Nachfolgepartei zugelassen! (Man stelle sich eine NSDAP– Nachfolgepartei 1945 vor!!!) Am entäuschendsten ist die Art des Mäntelchen – Drüberdeckens durch Kanzler und – weil's Mode ist – Linkssympathisanten. Wer Widerstand leistete gegen Honecker und Verbrecherkonsorten, fühlt sich heute als Idiot betrachtet, selbst Leute, die im Westen Grips zu haben scheinen, sind dem "Auge – Zudrücken" verfallen, wahrscheinlich weil's Ihnen immer zu gut ging und sie den Nutznießern im Osten sehr ähnlich waren und sind! Man könnte das Kotzen kriegen. Aber so ist die Welt: Vom kleinen Mann "Üb immer Treu und Redlichkeit" verlangen, die Oberen decken Verbrechen und werden dick und fett dabei, ihr Gewissen ruht in einer Speckschicht der Gemeinheit.

Auch der Lübbe – Verlag hat abgelehnt: Nicht ins Programm passend, das für 95 sowieso fertig; anläßlich des 50.Jahrestages des Kriegsendes sind keine Schriften beabsichtigt. Ihr tut mir leid, Ihr Geschichtslosen!

Berlin liegt im Herbstsonnenschein. Das Laub wird durch die Straßen getrieben, wenn Wolken die Sonne verdecken und kühle Luft in den Häuserschatten entsteht. Die nach Süden liegenden Fassadenfronten heizen sich auf und treiben eine Thermik in die Höhe, so daß die Blätter auf der Schattenseite hinunterfallen;

wird die Sonne am Scheinen gehindert, geht das noch schneller und emsiger.

Allenthalben sind die Straßen und Gehsteige aufgewühlt. Zäune aus groben Brettern schützen vor Fall und Unfall. Rohrleitungen für Haus- , Regen- und Schmutzwasser werden in die Tiefe, in lange Gräben gelegt, manche so groß–durchschnittig, daß ein ausgewachsener Mann hindurchkriechen könnte, manche nur für elektrische Kabelbündel gedacht; ganz schmale, spatenbreite "Kuten" dienen Telefonkonkabeln, Straßenbahnen können nicht mehr fahren, weil tiefe Schächte quer unter der Fahrbahn hindurchgehen, Oberleitungen neu gezogen und schwere Gleise – noch rostig von der Lagerung – den Fahrbetrieb in absehbarer Zeit über sich "ergehen" lassen sollen. Alles, was jahrzehntelang entweder gar nicht oder nur provisorisch gewartet wurde, dem Zerfall preisgegeben war, wird nun hochmodern wiedererstellt. Fahrasphalt von guter Festigkeit wird auf neue Fundamente wie Brei aufgetragen; es raucht und hitzt die Luft, und die Männer mit ihren Holz-Glätt – "Kellen" oder die justierten Maschinen legen das schwarze Zeug in gleichlaufende Bahnen für neue Straßen. Viele Stimmen begleiten die Arbeit; schwarzhaarige Leute schuften wie die "Kümmeltürken" und schaffen für die nächsten fünfzig Jahre mit Maßschneider – Maßstäben.

Woher kommt das viele Geld? Es mußte schwer erarbeitet werden und dient der Erneuerung des Lebens.

Draußen vor der Stadt stehen auf der "grünen Wiese" hektargroße glas – weißwand – strahlende Kolosse, in denen das Leben pulsiert. Weithin sichtbar sind hohe Kuben, die grell vom Himmelblau abstechen, blaßgold verbrämt vom Sonnenlicht. Wie wird die Entwicklung verlaufen? Immer mehr Konzentration durch Kapitalanhäufung? Immer preiswertere Angebote durch günstige Masseneinkäufe bei Großhändlern? Ist der "Einzelhändler" sein eigener Lagerhalter (durch ausgefeilte Kühl- und Abruftechnik)? Industrielle Herstellung in allen Bereichen? Muß der "Tante - Emma – Laden" kapitulieren mit seinen winzigen (teuren) Losgrößen? Werden nur noch die guten Böden zur Lebensmittelerzeugung genutzt werden? Ein Blick aus dem Super – Verkaufsobjekt zeigt die Kargheit der Mark, die kiefern- und gesträuch-bewachsene Einöde draußen. Von da ist wenig Begehrenswertes zu erwarten; es muß schon etwas Besseres sein, wo all das "Augenschmaus – Angebot" herkommt! Die Autobahn zeigt Vergangenheit (nicht einmal die ältere – nein, die jüngste) holpernd und schlagend; die Zukunft ab heute ist glatt, geräuschlos, geschwindigkeitsunabhängig. Wer läßt sich noch aufhalten? Das Klima etwa? Nein, es heizt sich auf und duldet kein Weißes, wie sonst schon Anfang Oktober noch vor zehn Jahren. Vielleicht werden wir bald auch bei uns zwei Ernten haben. Himbeeren, Äpfel, Mohrrüben werden größer, mengenmäßig mehr. Und Blumen zeigen sich jetzt schon als schwarze Rosen oder Tulpen. Eines bedingt das andere: Gene werden manipuliert, Bedürfnisse zusätzlich erzeugt, Geld in höherem Maße ausgeben, bestimmte Preise ins Unermeßliche getrieben, deren Summe wieder zurückfließt in Forschung und Entwicklung . Aber das Ozonloch sowohl im Norden als auch im Süden zeigt Gefahr: Alles kann plötzlich "umkippen" wie einst am "Schwarzen Freitag" im kleinen Maßstab. Wer steuert, wer trägt das "Maß aller Dinge" in seinem Brustkasten? Kleine Schwätzer vermeinen es zu tun.

Das Hemd ist den "Führern" noch immer näher als die Weste! Goldener Herbst – wie lange noch?

Ab und zu lese ich den "Freitag"; kann man den überhaupt lesen? Links-intellektuelles Gewäsch. Bei der miesen Auflage (im Druckzentrum Treptow) werden die meisten Exemplare verschenkt und dann – wie durch mich – zum Feuermachen verwandt), schreiben die "Schriftsteller" von ganz, ganz links – wahrscheinlich diese miesen Vögel vom "Prenzl – Berg" eigentlich nur für ihre Runde, und das ist gut so. Wer soll denn den destruktiven Dreck lesen? Und daß an der Spitze ausgerechnet ein ehemaliger Vertreter der "BRD" in der "DDR" steht, gibt dem ganzen die Note. Er sympatisiert mit der PDS und den "Autonomen" (sprich Dreckskerle, Nihilisten, Feinden aller Ordnung, die unter Menschen möglich ist, Anarchisten, wenn's darauf ankommt, Mörder, Attentäter, Bombenleger, Steinplattenschmeißer, siehe Dachszene Mainzer Straße 1990, Drogenhelden, Kampfhundehalter) und bildet sich auf sein verquastes Deutsch, das er schon immer übern "spitzen Stein" sprach, etwas ein.

Ihm ging's doch wahrlich gut im Staatsdienst. Wann kommt etwas Konstruktives von ihm, der sich zu den "wir Intellektuellen" zählt? Bei ihm ist das Deutschland vom 3.10.90 "Großdeutschland", das aggressiv – lüsterne Deutschtum vertretend. Hat er keine Augen im Kopf? Nicht mal die Landkarte kann er lesen, Großdeutschland gibt's nicht mehr! Nur in den Herzen des SEDisten wird's ausgebrütet – aber denen steht er ja nahe.

Er meint, Herr Heym werde verfemt, weil er Jude ist – wie bei Hitler – nein, weil der "Gegner" der DDR ein- und ausreisen durfte, wann er wollte, dieser harmlose

Stasi – Kontaktmann. Weil er ein medienhaschender Greis ist.

Ein Asylbewerber, der ein Verbrecher ist, ist eben Rumäne oder Ex – Jugoslawe und kein "Angehöriger einer ethnischen Minderheit in Deutschland"!! Ob Jude oder Christ – wer ein mieser Hund ist, bleibt einer.

Und wir können uns doch nicht nach dem Verbrecherstaat der DDR zurücksehnen, nur weil es dort mehr Kindergärten und ein dichteres "soziales Gefüge" gab! Warum suchten denn die alten Leute in Mülltonnen und Abfällen? Weil die Herrschenden ihre sozialistischen Phrasen selbst nicht ernst nahmen und sich den fettesten Teil des für alle nicht reichenden Kuchen nahmen!

Verbrecher waren im Kleid von SED und Stasi am Werk – vergeßt das nie, nie, nie!

Sagen Sie doch, Herr Gaus, wie die Demokratie gestaltet werden soll! Wo sind ihre klugen Gedanken?

Februar '95

"Hergottt nochmaaal!" (sagt man so, obwohl man mit ihm gar nicht soviel zu tun hat). – Was haben die damals für Leute hergeschickt, um uns zu beglücken? Sie gaben sich ja bei Erich die Klinke in die Hand und – die sie schon in der Hand hatten – sie machten uns was vor! Wir Dussel glaubten Helmut Schmidt, Oskar Lafontaine, Joachim Vogel, Wiegand... (Wehner im Hintergrund), Herrn Gaus, dem "Roten" des Westens. Heute: Es hätte alles so bleiben müssen! Die Mauer war was Festes, etwas zum Anlehnen und den Rücken frei halten. Die "kleinen Schritte" des Herrn Bahr, sie dienten seinen eigenen Besuchen bei Verwandten in der "Straße am Walde" oder "Unter den Birken"! Es ließ sich viel aushandeln mit den nach Anerkennung lechzenden SED – Obersten! Das gemeinsame Papier zwischen SP und SED wäre ja beinahe ein Verbrüderungsbündnis geworden!

Aber da waren die Menschen, die das alles satt hatten. Helmut Kohl reagierte schnell und wirksam: Gemeinsam mit Herrn Genscher hatten sie ihre besten Tage.

Die "Oskars" jaulten und Willi Brandt war der einzige Ehrliche, und Kanzler und Außenminister versanken bald wieder in ihrem Parteiendebakel, statt ihre Kräfte zu bündeln! So reichte ihre Konsensbereitschaft gar nicht aus, um mit vollem Schwung die Menschen im Osten anzuheben auf das jahrzehntelang bewunderte "Westniveau" . Die Enttäuschung war groß, und viel, viel, viel zu viel war verdorben; dazu kam das dilettantische Währungsgebaren, die Zerstörung des Ostens durch die "Treuhand" und das Absacken ins Elend für viele.

"Herrgottnochmal" was habt ihr für Leute einst hergeschickt: (heute wollen sie eine Amnestie für Stasi und SED!) "staubigeBrüder" wollen das Sagen haben – nur noch mal dran zu erinnern! Hat Herr Franz – Josef Strauß Privatanteile ver- oder gekauft? (Wann ging das Tegernseer Haus an Herrn Schalk – Golodkowski?) Wieviel Fleisch ging zu Billigpreisen nach München und Umgebung? Wie lange schon ging der Ausverkauf der Werte nach Westen?

12.05.95

Fast täglich erlebt man Erstaunenswertes: der Pariser Platz soll aussehen - zumindest das Liebermann–Haus - wie eine Zahnklinik nach der Gebäudereinigung! Der Bausenator Haase verteidigt den "Architekturentwurf" wahrscheinlich nur gegen die FDP – Vorwürfe, die eine Ausstellung der Frustrations – Neubau – Objekte veranstaltet. Diese will wiederum wohl nur die

Aufmerksamkeit auf sich lenken, um vom drohenden Untergang abzuwenden, in der Sache hat sie recht, das ist allerdings wahr: Es geht einem über die Hutschnur was z.B. Herr Kohlhas (o.ä.) am Alex entstehen lassen will!

Fünf Monate sind vergangen: Die feisten Generale und UNO – Beauftragten von der Spitze bis zu Herrn Akasi vor Ort schauen zu.

Es ist unerträglich! Die Serben morden, vergewaltigen und "säubern" Bosnien. Verbrecher Karadzic grinst ob der miesen Figuren, die mit ihm verhandeln wollen – er nimmt sie ja nicht einmal an!!!

200.000 Menschen verjagt, getötet, gelyncht, entrechtet: Auf Deutschland umgerechnet wären das 4 Millionen.

Die neuen Fascho – Nazis wüten seit 1992, es sind die Ehundje – Verbrecher – Kommunisten Titos. Sie wagen es, die Deutschen zu warnen! Schluß, es spricht jedes Wort Hohn auf "Europa"!

Zeit des Nachdenkens –

Wer sieht klar? Wer hat die ungeheuer große Zahl von Nachrichten pur, d.h. im Zustand des Objektiven zur Hand, um "klar" zu sehen, was wiederum heißt im Sinne einer Höherentwicklung der menschlichen Gesellschaft, also die Fähigkeit, den "Dreck" des Geschehens aufzuwiegen gegen den allgemeinen Fortschritt und ein Fazit zu ziehen: Geht es aufwärts, oder wird die vielfache Milliarde der Menschen ihren Untergang entgegengehen? Läßt sich das abstrakt oder nur in dialektischem Zusammenhang beurteilen? Wer kann diese Dialektik verwirklichen?

Das Nachdenken beginnt nur mit Fragen, wie sich zeigt. Ist das Bestimmungswort "nach" nur temporal zu verstehen? Es könnte auch zielgerichtet – örtlich zu verstehen sein im Sinne von "gedankliche Reise nach..." Nachdenken, um ein Urteil, eine Bilanz, eine Meinung, eine Motivation zum Handeln, ein sich ergebendes Rezept für die Zukunft zu erlangen?

Also nach dem Geschehenen denken?

Oder denke ich in Zielrichtung, um etwas Neues zu produzieren?

So oft ist das Nachdenken so oder so (s.o.) ergebnislos. Wenn man wenigstens die einzelnen Schritte seines Nachdenkens nachweisen kann, vielleicht hilft einem dann wenigstens der weitere Verlauf der Entwicklung, zu Antworten anderer zu kommen, und die Erleichterung, wenigstens etwas dazu durch sein Denken beigetragen zu haben.

Ist Nachdenken eine besondere Form des Denkens, etwa eine intensivere Art? Gibt es überhaupt eine Art des Denkens, die nicht das Nachdenken in sich birgt? (" Meine Gedanken plätscherten so dahin, eigentlich dachte ich an alles und gar nichts") Der menschliche

Geist muß immer denken, ob er will oder nicht, das ist eine große Verschwendung von Energie. Wenn es eine Entwicklung gibt, muß sie daraufhin zielen, daß die geistige Fähigkeit allmählich ein Minimum an Überproduktion erreichen muß. Genies zeigen an, daß dieser Weg möglich ist.

Mache andere mit den Ergebnissen Deines Nachdenkens bekannt, halte sie zur ständigen Verwendbarkeit fest. Die Möglichkeiten dazu werden immer unkomplizierter.die theoretisch manifestierten Ergebnisse ergeben Anwendungsmöglichkeit in der Praxis; die Dialektik von der Theorie zur Praxis und von ihr zurück zur Theorie. Und prompt setzt wieder das Nachdenken ein.

Warum ist das menschliche Hirn zu so viel krimineller Energie (die niedrigste Art geistiger Überproduktion) fähig? Jedem ist doch von Kindesbeinen an das Kompendium der Abstrakta zu Ohren gekommen: Mut, Ehrlichkeit, Ausdauer, Treue, Tapferkeit, Achtung vor dem Leben, Liebe, Offenheit, Selbstlosigkeit, Hilfsbereitschaft, Bescheidenheit...

Das sind Widersprüche. Nur durch sie gibt es eine Entwicklung! Ob zum "Guten" oder zum "Schlechten" oder "Bösen", sei dahingestellt! Entwickeln heißt ja nur: Sichtbar werden, sich zeigen; auswickeln, heraustreten; "Ent"- gleich: aus, heraus". In der Biologie spricht man von Anpassung, man meint damit immer perfektere Meisterung des Lebens. Speziell auf die Weiterentwicklung der menschlichen Gesellschaft könnte das bedeuten, der Schlaueste, der Skrupelloseste, der Gewalttätige, der Angreifer, der körperlich und geistig Höchstentwickelte macht das "Rennen"!

Und das wird auch so sein, denn Unrecht, Raub, Mord, ethnische Säuberungen, Totschlag, Gewinnsucht, Fälschung, Erpressung finden mehr und mehr Anhänger.

Längst vergessen sind "Schwedentrunk", Marter und Folter, Stock- und Peitschenhiebe, Vergewaltigungen als "Gang und Gäbe" der Soldateska und der Verbrecher aller "Fraktionen".

Wie machtlos sind UNO und Internationaler Gerichtshof, selbst der Nürnberger Prozeß und alle seine Anhänger, der die Menschheit vor einem Neubeginn stellen sollte!

Gewaltverbrecher laufen frei herum, für Todesschüsse an der Mauer Verantwortliche, Mafiosi aller Art nutzen die Entwicklungen aus menschlichem Erfindungsgeist – immer zwei Schritte voraus den "Hütern des Gesetzes" – für sich, fürs Verbrechen aus!

Alle "Moral – Anstalten" sind machtlos. Wer rottet die Ratten unter einer Großstadt aus?

Niemand! Sie laufen auf offener Straße zwischen dem Müll einer Gesellschaft herum.

Kriege werden gebraucht, um die Menschheit zu dezimieren. Wenn erst einmal kein Platz mehr auf diesem Planeten sein wird, werden die Verruchtesten sich ihren Platz zu verschaffen wissen; da werden selbst Weiber zu Hyänen und treiben mit Entsetzen Scherz.

Wehe der Menschheit. Ihr Untergang ist nicht aufzuhalten!

Weihnachtsmonat '96

Herr Kohl, Sie und Ihre scheinbar christlich – soziale – demokratische Regierung haben in den 14 Jahren alles abgewirtschaftet, was die Bundesrepublik Deutschland so begehrenswert machte.

Sie können das nicht so sehen oder Sie wollen es nicht, da die Reichen immer reicher und die Armen in immer größerer Zahl arbeitslos werden!

Die Zeichen der Zeit und der Ökonomie verstehen Sie nicht:

Mechanisierung, Rationalisierung und Automatisierung haben das Volumen an Arbeit fast voll übernommen, menschliche Arbeitskraft wird immer weniger benötigt.

Die Gewinne aus der hochtechnisierten Produktion teilt die Produktionsmittel besitzende Gruppe nicht gern. Besser: materiell investieren in modernste Produktionsweisen, die Basis dazu amortisiert sich immer schneller, kostet also pro definitive Laufzeit weniger als die der Hände Arbeit.

So steigen die Gewinne ins Unermeßliche und die Produktionsmenge wächst zum Vielfachen. Da sagt einer, wir brauchen noch billigere Arbeitsmethoden in Billigländern, um noch mehr Gewinn zu machen; die ins Uferlose hergestellte Warenmenge braucht Märkte, immer mehr Marktanteile – noch sind ja solche zu finden. Aber ein Ende ist abzusehen! Wieder sagt einer, wir lassen uns von unseren Märkten nicht verdrängen, noch mehr Produkte und Waren, noch billiger hergestellt, helfen uns die Märkte zu sichern und sogar neue Marktanteile zu gewinnen.

Wann ist Schluß damit?

Vor Angst sagt einer, wir brauchen einen Krieg, um uns gegen die Konkurrenz zu verteidigen; wird diese frech, gehen wir zum Angriff über!

Obwohl Sie das nicht sehen wollen, Herr Kohl, begreifen Sie es sehr gut. Aber Ihre gewisse Macht und Ihre Pfründe wollen Sie nicht verlieren, daher gehorchen Sie den Reichen (sprich: Industriellen) und führen den Affentanz des Sparens (bei den Armen) auf, lassen einen Scharlatan von Finanzminister "wirtschaften" bis zur Lächerlichkeit. Weitere Gehilfen sind Ihr Außenminister mit seiner Kunkelpolitik, Ihr Wirtschaftsminister mit den Scheinprognosen und Sie selbst mit dem Märchen der halbierten Arbeitslosenzahl im Jahre 2000!

Gerecht wäre es, alle Menschen am Ergebnis der Arbeit zu beteiligen (zur Erinnerung: Händearbeit wird immer knapper, weil die Technik sie im steigenden Maße ersetzt, wofür aber die Menschen nichts können!). Entweder wird der Rest der Händearbeit auf alle verteilt, damit keiner arbeitslos rumgammeln muß, oder alle müssen auf neue Weise mit neuen Aufgaben z..B. zur Rettung unseres Planeten oder in der Entdeckung neuer Welten und ihrer Besiedlung betraut werden. Will der größte Teil der Menschheit nicht vorzeitig untergehen, müssen die kreativsten Kräfte die Geschicke aller in die Hand nehmen – das sind Sie bestimmt nicht – Herr Kohl!

Mit Ihrem Europagefasel wollen Sie Ihre "Daseinsberechtigung" nur verlängern. Nur ist es so, daß das schon riecht!

Sie haben die wirtschaftlichen Zwänge des DDR – Beitritts nicht gemeistert, da die Bürger Mitteldeutschlands zur DM wollten, wenn diese nicht zu ihnen käme. Und Sie haben es nicht erkannt, daß die ehemaligen DDR – Bürger alles auf einmal wollten:

Ihre schwachsinnigen Peiniger loswerden und alle Segnungen des "Westens" mitnehmen, ohne etwas dazu zu tun.

Sie haben alles dem Lauf des geringsten Widerstandes überlassen. Ihre Industriellen tun und lassen machen; den Spruch "Die Marktwirtschaft regelt alles" als oberstes Gesetz hingestellt, einen weiteren Spruch "Laßt erst einmal die ersten Wahlen im März 90 stattfinden, dann geht's aufwärts" und die Weissagung "In diesem Jahr gibt's blühende Landschaften und schöne Städte" von sich gegeben und erst einmal "ausgesessen" und gewartet. Die Wirtschaft hat Sie Schach – Matt – gesetzt, Herr Kohl!!
Frohe Weihnacht!

Wohin sind...

Wohin sind denn nun alle Gedanken zu Ausreden verflogen: Ein zweites Vietnam, Verstrickung in einen endlosen Krieg; nur eine politische Lösung ist einzig gangbar...?

Das, was jeder vernünftige Mensch seit Anfang fordert, der ein bißchen Grips sein eigen nennt, die Kriegsverbrecher – Serben (diese jugoslawischen Kommunisten, diese Großmachtschreckensphantasten, diese Verursacher des 1. Weltkrieges,diese Ewig – Stänkerer) mit schwerster Gewalt von ihrer Gewalt abzubringen geschieht nun; aber es geschieht fast zu spät! Nur bedingungslose Kapitulation kann die Forderung sein und die Rückführung aller Serben nach Serbien, und eine hundertprozentige Entwaffnung Serbiens muß in Kürze abgeschlossen sein!

Es darf kein Milosewic – Serbien geben! Dieser abgefeimte Verbrecher gehört aufs Schafott, damit niemals mehr ein Krieg von Serbien aus stattfinden kann.

Serbien, Israel und Deutsches in Justiz und Politik (zur Stasi / DDR, Einwanderung)

Es ist mir klar, daß ich auf meine drei (und mehr) "heißen Eisen" keine Pressereaktion bekommen werde.

Es darf an manche Dinge nicht gerührt werden, weil die Welt schnell vergißt, bzw. es Gerechtigkeit nicht gibt. Die Deutschen (besser: die deutschen Regierungen) meinen, sie dürften nach über 50 Jahren sich immer noch nicht zu Geschehnissen äußern, die den Menschenrechten (zu denen Leben wohl als oberstes gehört) hohnvoll Absage erteilen nach Beendigung des 2. Weltkrieges.

Und unsere Justiz ist diejenige, die deutsche Positionen immer wieder untergräbt. Die Väter des Grundgesetzes konnten nicht alles voraussehen, da sie zu Zeiten der Euphorie eines Aufbruchs der Welt zum ewigen Frieden und unter dem Eindruck unbeschreiblicher Verbrechen – von einem Teil der Deutschen begangen – standen.

Heute kann die Bundesregierung ihre eigenen Bürger und darüber hinaus ihr Eigentum nicht schützen , holt sich das internationale Verbrecherunwesen selbst ins Land; trifft keine echten Entscheidungen, obwohl sie zu den wirtschaftlich stärksten Ländern Europas zählt und unter diesem Eindruck durchaus ein europäisches Wort mitsprechen dürfte.

Für die Blamage Europas gegenüber der menschenverachtenden Aggression der Serben, ihr totales Versagen zu einer Lösung müßte die Regierung Kohl schon längst verabschiedet haben!

Israels Außenminister hat den Deutschen in Person des Herrn Genscher ganz deutlich im Ölkrieg gesagt: Auf Euer Geld pfeifen wir. Eure Politik ist wirtschaftlichen Großforderungen der deutschen Industrie untergeordnet, Verbrechen auf diesem Gebiet scheinen Kavaliersdelikte zu sein; denn an der Aufrüstung des Iraks habt Ihr den größten Anteil!

Alle dürfen Deutschland in den Dreck ziehen, es verhöhnen, weil das auf den Knien Kriechen zur deutschen Gangart geworden ist.

Selbst die Serben dürfen immer wieder die Deutschen als Faschisten beschimpfen, und angeblich haben alle vor uns Angst. Eine billige Methode, Deutschland zu ducken.

Wer ist "mutig" genug, an Israels Politik vor und nach seiner Staatsgründung Kritik zu üben? An den Massakern an Palästinensern in Dair Yasin am 9.4.48 und al Dawaima vom 29. Bis 31.12.48? Terrorismus,

Unterdrückung, Vertreibung (besser ethnische Säuberung) der Palästinenser, Mord und Totschlag waren Grundlagen und Säulen des Staates Israel. Eine bestimmte UNO – Resolution ist heute nach mehr als 20 Jahren noch immer nicht eingelöst: Abzug aus den besetzten Gebieten; wie oft wurde Israel als Aggressor eingestuft?

Israel läßt sich heute seine Friedenspolitik honorieren, dabei ist das nichts weiter als eine Verhöhnung der UNO.

Wer honoriert den Kriegsverbrecher Milosevic? Die USA an der Spitze! Isetbegowicz wurde quasi gezwungen, diesem Dreckskerl die Hand zu geben! Was in dem "Friedenspakt" festgelegt wurde, ist eine verachtenswerte Diffamierung der 200.000 Toten und der Millionen Vertriebenen, Millionen Flüchtlinge!

An den Galgen mit Milosewic, Karadzic und Malic und alle Serben nach Serbien, Bosnien allein den Bosniern, Kroatien den Kroaten. Alle anderen Kompromisse legen den Keim zu neuem Haß und zu neuen Aggressionen.

(Siehe Versailles: Polens Landraub sanktioniert; die Karpatho – Ukraine den Slowaken zugeschanzt, die Tschechoslowakei, ein Mischgebilde etc. etc. Das führte zu Stalins Pakt mit Hitler und zu Hitlers Begründung seiner großdeutschen Forderungen, die der Revision des Diktates von Versailles galten und der Unterjochung Europas!)

Es wird keinen Frieden im ehemaligen Jugoslawien geben, solange nicht der letzte serbische Bluthund entwaffnet wurde und abgeurteilt.

Ansonsten kann man im Kleinen nicht zufrieden leben, solange das große politische Theater in Bonn und in der Welt weiter so gespielt wird.

Ich möchte schon bekannt werden als Autor, um manchen "Arschlöchern" etwas sagen zu dürfen, z.B. dem Herrn Alexander Gsang, einem taktlosen, ziemlich großmäuligen Journalisten der "Berliner Zeitung". Ein bißchen schreiben können, mit dem durch den "Kakao ziehen" von SED – und Stasiopfern, diesem Geschwafel von "Kohlen – Kalle" über die EKL – Abwickler bis zur Lobhudelei von Spitzeln wie Almrichs Mutter (VP – Offizier) und das Heulen um das Verschwinden der "guten alten Zeiten" in der DDR ist es nicht getan. Charakter zeigen und das Deutsche perfekt beherrschen, sind zwei Dinge, die dem Mann fehlen – aber gutes Geld verdient er dabei!!! Wie sagte einst ein Schüler: "Es gibt auch Schweine in der Stadt".

Es

Ethnische Säuberung wurde von den Sowjets unter Josef Stalin meisterhaft in vollem Einverständnis der USA, Englands und Frankreichs bis 1948 durchgeführt. Zwanzig Millionen Deutsche wurden vertrieben aus Deutschland östlich der Oder. Zehn Millionen Polen wurden vertrieben aus Polen östlich der Flüsse Neminas, Swislotsch, der Quelle des Narew, des Flusses Bug und des San.

Wenn die Polen nun ehemaliges polnisches Land mit der Stadt Vilnius in Anspruch nehmen wollen, da Litauen ein schwächerer Staat als die Sowjetrepublik Weißrußland im Verband der Sowjetunion oder als das souveränen Weißrußland heute ist, werden alle Dinge auf den Kopf gestellt, an denen die Anti–Hitler – Koalition so verbissen festhielt. Dann geht es nicht mehr um die Bestrafung Deutschlands von 1945, sondern um reinen Imperialismus. Ist das aber so, dann kann man den Deutschen kaum Rückgabeforderungen an den Norden Ostpreußens abschlagen.

Aber die Welt kennt nur einen, dem man die Knute immer wieder zeigen muß, den Deutschen!

Daß der Staat Israel auf Terrorismus, Mord, Totschlag, Plünderung und Vertreibung eines ganzen Volkes, sprich: ethnische Säuberung Klein – Palästinas von seinen Ureinwohnern, den Palästinensern, beruht, "juckt" niemanden mehr!

Darum gibt es auch keine Gerechtigkeit für Moslems und Kroaten: Die Serben folgen den großen Vorbildern ungestraft, ja (!), eigentlich völlig rechtmäßig.

Es lebe die sauberste Gewalt auf dieser Erde, die ethnische Säuberung.

April 1998
05.04.98

Ständig geht's um den Euro, die Europawährung, die das Heil im Politischen wie im Wirtschaftlichen bringen soll: Völker Europas, vereint sind wir stärker, unschlagbar von den zwei Polen in Ost und West, von Asien und von den USA und ihren Trabanten!

Es wird gemauschelt und intrigiert , einer macht dem anderen etwas vor in bezug auf die Kriterien von Maastrich. Waigel hat das "Tafelsilber" verscherbelt, Italien hat auf seine Weise gemogelt und die anderen haben glatt abgelehnt aus Selbstachtung oder tausend Ängsten. Im Inneren bei uns: Stoiber hin. Stoiber her; Biedenkopf sagt nein; für "seine" Sachsen will er sich ein Hintertürchen offen halten ("Ich hab's ja gleich gesagt"!) Die Franzosen schießen mit schwerem Geschütz quer, koste es, was es wolle!

Mal sehen, wie die Börse im ersten Anlauf des Mai reagiert.

Kohl ist wie versessen, nichts anderes interessiert ihn mehr. Er weiß, daß er die Wahlen im September 98 verliert, da ist ihm das nächst Höhere, das Blatt im Geschichtsbuch als "Europas Einiger" viel wichtiger.

Obwohl ihm schon die blühenden Landschaften, die Wirtschaft (die "soziale" des Marktes), gesteuert durch Angebot und Nachfrage, und die Demokratie durch demokratische Wahlen am 18.3.90 nicht gelungen sind – aber das hat er verdrängt. Inzwischen morden die Serben, nicht etwa völlig besiegt, der Waffen nicht beraubt, ihre Kriegsverbrecher nicht hingerichtet, ihre Rückführung in ihr angestammtes Land nicht vollzogen, durch Herrn Milosewic angestachelt, in Kosovo und nennen sich Jugoslawien.

Europa schaut wieder einmal zu! Diese faulen Kompromisse damals im Irak und vor Jahresfrist von Dayton "zahlen" sich "aus". Als wenn die "Amis" blöd sind! Sie haben doch genug Erfahrung in ihren Bananenrepubliken gesammelt, wo's immer gleich ganz "zur Sache ging"!

Aber so ist es: Mögen sie immer einen Schritt in Technik, Medizin, Hochhäuserbau, Waffenproduktion, Erfindergeist und Rekordtaten voraus sein, ihre Angst, das Öl dieser Erde zu verlieren, ihre Stützpunkte nicht halten zu können und ihre Vormachtstellung insgesamt, läßt sie da zögern und dort die Demokratie als Vorbild für die Welt herausstellen, sie sind pflaumenweich und an falscher Stelle unentschlossen; Aidid haben sie nicht fangen können, Hussein nicht getroffen, obwohl sie behaupten, sie könnten aus einhunderttausend Kilometern Entfernung von der Erde erkennen, wieviel Mann in einem Jeep sitzen, sie hätten alles "im Griff".

Hierzulande macht man ihnen fast alles nach, angefangen von den Grafittischmierereien bis zu den Karnevalsveranstaltungen bei Wahlen. Unsere Parteien sind alle windelweich und ohne Programme, alles und nichts wird versprochen, und wenn sie kämpferisch sein wollen, sind sie so blöd wie die FDP mit dem Wegfall des Solibeitrages und ihrem selbstgewählten Titel "Partei der Besserverdienenden", ihrem hin und herwandelnden Profilierungssüchten. Die Grünen haben sich's mit ihren Benzinpreisen, ihren Reiseeinschränkungen und "geregelten" Urlaubszeiten, dem Austritt aus der NATO verdorben. Der "kleine Mann" ist klüger als die Vorzeigedemokraten, man lacht, obwohl's so ernst ist!

Die SPD will den Wandel, aber sie sagt nicht womit und redet um Wahrheiten herum, treibt Wortkosmetik und gibt sich kämpferisch. In Sachsen – Anhalt hat sie schon einpacken müssen: Von wegen 44 bis 48% der Wählerstimmen für sich! 34% sind bereits eine Quittung, die aber durch die Schröderfigur noch gemildert wurde. Bekennt die SPD nicht echte Farbe, wird's in den Bundestagswahlen das Desaster von Sachsen – Anhalt mit der DVU in ganzer Eindeutigkeit geben; denn es dauert zwar lange beim Volk, aber dann "rummst" es!

Die allgemeine Feigheit der etablierten Politiker wird einen Erdrutsch auslösen, da Korruption, Selbstbedienung, Vetternwirtschaft, Betrug, Bereicherung, Lüge nicht ewig währen!

Frühling 98

Wieder wird es Frühling; Erwachen der Natur im Jahr 98. Während man dem Wachsen und Entwickeln, dem Grünen und Blühen wie jedes Jahr Bewunderung zollt, der Natur jeden Tag ein Kompliment machen möchte, macht die Gattung Mensch keine Erneuerung durch. Die menschliche Gesellschaft stagniert und gegenüber der Tier- und Pflanzenwelt ist sie eher Feind und Zerstörer der Ressourcen, die sie selber sinnvoll nutzen und sie eher hüten und pflegen sollte. Gier und Macht stehen dem aber entgegen. Der Mensch marschiert seinem eigenen Untergang entgegen. Das Ozonloch wird größer und größer: Alle Industrien expandieren und spucken den Abfall in variantenreichen Giften aus über alle Erdteile und Meere. Raubbau ruft Großbrände hervor. Der Energieverbrauch läßt Grenzen der Belastbarkeit des Erdballs erkennen. Was im Großen mit Riesenschritten dem Untergang entgegen geht , ist im Kleinen ein paralleles Geschehen. Machtgelüste und Gier in allen Lebensbereichen kumulieren, und wenige reißen das Heft an sich, um das Fest des Unterganges so nobel wie möglich zu begehen. Geld wird durch immer höhere Abgaben kumuliert, direkte und indirekte Steuern erreichen ein Höchstmaß. Über die Politik holen die Industriebosse der Welt sich die Werte, den Regierungen überlassen sie die Macht über die Menschen, um ihre Pfründe nicht versiegen zu lassen! Das erreicht Maße, die das Gros der Menschen kaum noch ertragen kann. Einen Ausweg gibt es kaum mehr .

Die Weltorganisation der Menschenrechte und eine Weiterentwicklung der Völker haben versagt, da an zig Orten der Welt Kriege das einzige Mittel zu sein scheinen, eine Ordnung herzustellen – eine Ordnung der Starken über die Schwachen. Der übriggebliebene Weltpolizist in der UNO hat die gerechten Forderungen der Schwachen vergessen. Die Unterdrückung ist das Maß der Dinge geworden. Da durchlaufen afrikanische Völker die Mordkriege der alten Welt der älteren und jüngeren Vergangenheit , ohne daß ihnen dies irgendwer verwehrt, und die Mordgierigen anderer Erdteile dürfen die Gegenwart und Zukunft ohne Hindernisse schänden, wie gehabt.

Vietnam, Kambodscha, Afghanistan, Sudan, Türkei sind da zu nennen; das mörderische Serbien in Europa ist nicht zu bremsen – die hochentwickelte Staaten bilden eine Phalanx der Feigheit, sinnloser Unentschlossenheit und Blauäugigkeit. Angefangen hatte es bei den "Vorbildern der Welt" mit Versailles. Künstliche Völkermischungen zeigen heute noch ihre Folgen.

2.Weltkrieg mit den Fehlern nach Beendigung des 1. haben dem Frieden nicht gedient. Im Gegenteil: Landraub und Vertreibung haben das Potential für neue Kriege aufgebaut.

Politik

Ich bin gegen Fremdenfeindlichkeit und Ausländerhaß!
Ich bin dagegen, daß uns die Fremden – innen und
außen- zu unserer Gastfreundschaft, zu den Geldern,
die sie erhalten (bzw. Gutscheinen etc.) , die oft mehr
Wert darstellen, als wir's unseren eigenen Leuten
(Gestrauchelten, Alkoholikern, Suchtkranken anderer
Art, Unter–Brücken–Schläfern, Landstreichern und
Unsteten...)zubilligen(!), zu den Millionen, die wir
ihnen zum Häuserbau , zur "Regulierung" von illegaler
Einwanderung, zur Finanzierung ihrer Aggressions-
kriege (Israel gegen Palästinenser) geben , auch noch
feindliche Gefühle und deren Ausbrüche entgegen-
bringen!!
Ich bin dagegen, daß Ausländer, die als Asylsuchende
und Scheinverfolgte, sie kommen ohne Papiere, sie
"wissen" nicht, woher sie kommen..., bei uns leben und
uns Deutsche bei jeder Gelegenheit als Nazis und
Faschisten (Falsch: Italiener waren es) beschimpfen,
auch noch das Gastrecht in Anspruch nehmen! Und wir
sind obendrein gegen Verbrecher aller Art sowohl aus
der Fremde als auch aus dem Ausland!
Darum ist es falsch, heuchlerisch und geht völlig
daneben, Herr Strack, Herr Bundespräsident, Damen
und Herren Prominente, Befragte und um
Stellungnahme Gebetene, wenn sie die Begriffe
Fremdenfeindlichkeit und Ausländerhaß erstens
unrichtig – Duden: Bestimmungswort und Grundwort
im zusammengesetzten Substantiv: Haustür,
Wohnungstür = Tür des Hauses, der Wohnung;
folglich Ausländerhaß = Haß der Ausländer! – und
zweitens als "Ding an sich" (das es nirgends auf der
Welt gibt!) verwenden.

Denken Sie doch bitte nach, plappern Sie nicht einer dem anderen etwas nach. Nie wird eine Sache richtiger durch ständiges neues Erwähnen(!), durch Wiederholung des Fehlers.

Ein langer Weg

Wie ist Dir zu Mute, wenn Du eine lange Zugreise antrittst, Wanderer? Lange, lange Stunden im Liegewagen verbringst auf der Fahrt durch Land, das regennaß erst – wie aufgeweicht – von Polen sich hinzieht nach Osten über Brest. Dann saftig grün, doch trockener, auf Minsk zu und endlich, rauhreifbedeckt, Smolensker Gegend, in Schnee übergehend... Sie läßt den Winter ahnen, der manchem schon die Rechnung "verschneit" hat. –

Die Sonne bricht durch, ihre Wärme, ihr Licht macht das Herbstlaub leuchten, und das Weiße saugt sie auf wie ein Schwamm. Goldener Herbst mit seinen Launen! Diese weite Landschaft ruht kraftvoll und entzückt ihre Menschen und alle freundschaftlichen Besucher...

Damals hatten die Feinde, die Eindringlinge keine Chance, am Mut der fast Verzweifelten scheiterten sie im goldenen Herbst noch. Der Winter hatte dann vollends mitgekämpft, sein stattliches Revier zu hüten, wie das Leben es befahl. Winter ist Aufbruch zu neuem Werden, zu einem weiteren Schritt voran in der Entwicklung. –

Mensch und Winter sind hier eins; auch wenn seine Zeit jetzt kaum gänzlich gekommen: Es ist Ende Oktober. Eine Unzahl graugrüner Waggons schlängelt sich durchs Gelände. Die Achsen sind auf die Breite der SU umgewechselt, und die Wagen rauschen, poltern und schaukeln an Baustellen, Städten mit Neu- und Hochbauten, kleinen geduckten Häuschen und Anlagen wie aus Bilderbüchern, an herrlichen Flecken vorbei. Ehrwürdige Kathedralen vergolden Städtepanoramen; Festungsbauten sprechen Historie. Hier in Rußland, Kern der Sowjetunion.

Wie ist dir zu Mute? Gut, denn Du fährst gut; zwar springen manchmal die Wagen, und es klopft, rattert, schlägt auch bisweilen, als wenn die Türen zufallen oder Eisen gegeneinander kommt. Du liegst warm, weich zwischen sauberen Laken im Oberbett, es ist auch für deine Länge lang genug, 2m für Dich. Dein Reisegepäck und das Deiner Begleiter liegt im Coupé über dem Gang, sicher und ordentlich.

Gleichmäßig saust der Zug. Gleichtakt der Geräusche mit langrhytmischen Paukenschlägen der Achsen und klirrende Dauermusik der Gleise...

Sowjetunion, Sowjetrußland, Rußland, russisch Polen; Bolschewisten, die Roten, Revolution: "Vom Zarenadler zur roten Fahne", "Zwischen Weiß und Rot" und wie oft, eigentlich jahrelang "Nach Ostland geht unscr Ritt..." und ganz penetrant : "Sieg oder bolschewistisches Chaos!"

"Rote Matrosen" und die "Rotbannerflotte" habe ich auf einem Kartenspiel gesehen, das mir ein Tantchen zufällig, weil sie vielleicht schlecht sah, geschenkt und nicht weggeworfen. (Woher hatte sie's, Marie, aus der vornehmen Gegend Martin – Luther – Straße in Berlin?) Jenes schöne Buch aus der Bücherei, das von Sowjetfliegern, driftenden Stationen auf dem Eis, Helden des Pols, von Nowaja Semlja, dem nördlichsten Stützpunkt, erzählte und den Stempel des Verleihers trug: "NSDAP, Deutsches Jungvolk in der HJ, Fähnlein 18/21."

Wer und wie? 1937 habe ich's gelesen und behalten.

Und der Kreis um meine Mitschüler Zimmermann, Wienstruck, Bielert? Ihre Eltern erzählten von den zwanzigern Jahren, von der Hoffnung der Menschen auf eine neue Zeit, von Majakowski , vom "Maschinentheater", von Filmen: "Panzerkreuzer Potemkin", "Sturm über Asien".

Ich war zwölf Jahre alt. Ein Vertrag zwischen dem Deutschen Reich und der Union der Sozialistischen Sowjetrepubliken über die Demarkation der gegenseitigen Interessen, Ribbentrop in Moskau im Sommer 1939.

Und dann in den Zeitungen: " Gegenangriff" auf Polen, Westwall, Kriegserklärungen der Franzosen und Engländer, 18 – Tage – Feldzug. Stellungskämpfe am Oberrhein, eiskalter Winter 39/40; Mai – Angriff auf Frankreich, Belgien und Holland, Sieg, Sieg! Norwegen, Dänemark, Kanalinseln, Jugoslawien. Neuordnung Europas. Und jetzt: "Seit dem frühen Morgen des 22.Juni 1941 wird "zurückgeschossen". "Von Finnland bis zum Schwarzen Meer – Vorwärts – tärätätä - Vorwärts – tärätätä –Vorwärts nach Osten, Freiheit das Ziel, Sieg das Panier – Führer befiehl, wir folgen Dir!"

Stunde reiht sich an Stunde. Dreimal am Tag wird in den drei Speisewagen schubweise gegessen. Drei Gänge meist, und über eine halbe Stunde dauert das Essen und Trinken. Und die Menschen, die uns bedienen, tun das mit Übung und Sorgfalt, und die es geputzt, zusammengestellt, bereitet, gegart und gekocht, haben es im rüttelnden, schlingernden Küchenabteil getan und geschwitzt und geschuftet.

Vierhundert Gäste im Freundschaftszug Berlin – Moskau ...

Am 7.November 1941 wollte Hitler die Parade abhalten auf dem Roten Platz. Aber blutrot färbt sich ein anderer Ort, weniger als 100km vor der Sowjetmetropole, und die Sieggewohnten hatten nicht einmal mehr Zeit, ihre Toten und Verwundeten zurückzunehmen, mitzunehmen mehr als weitere 100km, und Moskau lag in weiter, weiter Ferne, ferner denn je!

"Pelz- und Spinnstoffsammlung des Reiches",
"... unseren Soldaten das Beste im harten russischen
Winter..." so hieß es. Bis zu den Infanteristen, die
pausenlos Gegenangriffe über sich ergehen lassen
mußten, kam kaum ein Wollhandschuh oder eine
Pelzmütze. (Aber das erfuhr ich erst viel später, der
"Führer" verschwieg manches).

Lenin – Mausoleum der Kreml, Einkaufsbummel in der
Gorkistraße, neuer Staatszirkus; Kranzniederlegung
am Grab des unbekannten Soldaten am Kreml;
Stadtrundfahrt mit Blick auf Riesentrabantenstädte
oder –stadtviertel an der Peripherie, Leninberge und
Universität der Superlative, Leninstadion,
Warmwasserschwimmbad, Spezialsprunglaufschanze,
Neubauten für Olympia 1980; Kalininprospekt als
Einkaufsattraktion mit dem "Arpat" am Ende oder
Anfang, ganz wie man will. Und hier speisen wir an
reich gedeckten Tischen, zu jeder Mahlzeit drei, vier
Gänge, und Knoblauchdunst umweht auch uns,
nachdem es wunderbar geschmeckt hat.

Irina ist jeden Tag bei uns. Sie spricht bewundernswert
Deutsch und weiht uns in viele Geheimnisse der
Großstadt ein. Nur Regen trübt unsere freudigen
Gefühle etwas. Er fällt dicht und unaufhörlich...

Undurchdringlich fast fiel der Schnee 1941/42 im
Winter der Verabschiedung sowjetischer Truppen auf
dem Platz zwischen Kreml und "Gum", Volksduma
und Wassili – Kathedrale: (Später habe ich es im Film
gesehen.) Stalins granitene Büste steht an der
Kremlmauer. – Irina ist eine schöne Frau. Sie begrüßte
uns Deutsche und umgab uns mit Fürsorge, und sie ist
uns das Symbol freundschaftlicher Verbundenheit.
Edelpelz an Schapka und Mantel, kluge Augen und
mancher deutsche Scherz machen sie uns unvergessen.
Leb wohl, Irina! Leb wohl, Moskau.

Leuchtende rote Sterne auf den Kremltürmen, eherne Glockenschläge am Spaski. Moskau liegt hinter uns. Wir sind vielen Menschen begegnet. Die 8 – Millionen – Stadt fing uns ein. Nun gen Süden. Wir vierhundert werden umsorgt. Selbst das Gepäck ist uns bis an die Wagentüren gebracht worden, sorgfältig von der Miliz bewacht. In ihren schmucken Uniformen, in ihrer aufmerksamen Ruhe bildeten sie einen erinnungswerten Abschiedskordon, der uns deutschen Reisenden galt von der "Deschurnaja" im Ostankino über den ausdauernden und liebevoll – sicheren Busfahrer bis zu den schuftenden Gepäckladern und –trägern mit ihren überschweren Karren. Kein fluchendes Wort, keine aufdringliche Freundlichkeit, sondern geschickte Arbeit mit vollem Einsatz...

Es sind erst 33 Jahre her, da sie, dieser oder jener in ihrer Familie Krieg von deutschem Boden aus erlebten.

Spätherbstliche Witterung – und unwirtlich – liegt über Waldstücken, Feldern und Dörfchen. Beim Halt auf Stationen mittelgroßer Städte kommen Frauen an den Waggon und verkaufen Äpfel aus Eimern; Rubel sind wertvoll und gern dazuverdient. Orjol, Kursk, Belgograd, Strecke nach Süden. Girrende Gleise, Tee vom Ende des Wagens, gekochtes Wasser aus dem Samowar gegenüber dem Raum der Wagenschaffnerin, klirrende Gläser und so mancher Wodka im Abteil. Die Scheibengardinen sind zurückgeschoben, wie wir die Unendlichkeit der Landschaft auch nach Stunden wie unwirklich bestaunen. Nach Osten setzt sich diese weite Landschaft fort, grenzenlos... Es wird Nacht ...

Hitler und seine Generale begannen 1942 den zweiten Feldzug, kaum richtig erholt vom Schlag im Winter davor. Keine "Kesselschlachten" mehr! Verlustreiches Vordringen ohne Flankenabsicherung: Kornkammer, Maisschatz, Sonnenblumenreichtum besitzen wollen, dann wird der Sowjetmensch nicht mehr können! Einkesselung als Wunschtraum: den ganzen Süden "einsacken" beim Vorstoß zur Wolga und das Erdöl in die Hand bekommen. Walter wurde Soldat, Jahrgang 24, Freiwilliger 1942, weil er das Abitur nicht machen wollte, die Schule "satt" hatte! Bruderherz, wie weit waren die Vorstellungen von der Wirklichkeit entfernt? Wie groß der Betrug an Euch Jungen, als Ihr die Gegend von Charkow befohlen wurdet? Den Charakter der Schlacht um Stalingrad an der Wende zum Jahr 1943und ihre Folgen waren heruntergespielt worden! Der "Gefreite" sang Heldenlieder und opferte ganze Armeen – Die Lücke war das Eingangstor zur Niederlage zwischen Kramatorsk, Taganrog. –

Der Morgen graut am Horizont...

Vielleicht der 12865ste seit Deinem Tod 1943 als Eindringling, ein Junge von 19 Jahren, der schon 300km weiter westlich bei Poltawa an der "Abwehrschlacht" teilgenommen hatte.

Rostow am Don, am stillen Don. Seine Strömung ist gelinde, Paradies der Wassersportler. In der Engels – Straße baute ein Kollege einst bis 1949 Häuser als Kriegsgefangener. Heute sind diese Zwerge im Vergleich; Hotel "Intourist" ist ein Hochhaus, modern, sauber, bequem, einladend – gastfreundlich: Hier verkörpert Pjotr – Peter die Fülle der Grüße an die Gäste und Freunde – die Fülle ihres Inhaltes. Er ist schlank und wirkt sportlich; sein Sprachschatz ist reich an deutschen Gedanken, die herzlich über seine Lippen im Worte umgesetzt werden. Das Haus bietet sein bestes – die Tafeln biegen sich und beim festesten Willen: Man schafft es nicht, obwohl man den Gastgeber nicht beleidigen will.

Hier nehmen nicht alle Bäume am Herbst teil. Sie behalten ihr grünes Blätterkleid, spärlich zwar, aber nicht arm. Die Jugend hält Wache an den Ehrenmälern in den sonnengrünen Hainen. Das große Stadttheater, einem Traktor der 30er Jahre nachgebildet, alte restaurierte Gebäude wetteifern mit den neuen, neueren und neuesten der Stadt. Trolleybusse, moderne Großraumstraßenbahnen, Autos jagen, und ein starker Publikumsverkehr flutet die Alleen entlang...

Zweimal hat Rostow die Okkupation über sich ergehen lassen müssen, 1941 und 1942. In der Schlangenschlucht wurden siebenundzwanzigtausend Menschen erschossen, weil sie Widerstand leisteten gegen die Aggressoren oder wegen ganz geringfügiger Vergehen. Das Grauen der Jahre bis 1943 ist im Riesenehrenmal im Tal der Schlangen angeklagt. Eine ewige Flamme brennt, den folgenden Generationen zur Mahnung. Nicht vergessen, aber allen, die als Freunde kommen, wird die Hand gereicht; der sowjetische Mensch verzehrt sich nicht in Rache...

Wir besuchen zwei Konsumgenossenschaften 100km ostwärts von unserer Gastgeberstadt und finden herzliche Aufnahme...

Die Okkupanten hatten nicht viel übrig gelassen; die Orte zerstört, fast alle Menschen verschleppt! –

Die Ehrenmale für die Gefallenen und die kleinen Museen mit Dokumenten vom Werden in den ersten 35 Jahren, vom Grauen der Besatzung, vom Partisanen- und zivilen Widerstandskampf und vom neuen Aufbau – quasi aus dem Nichts – sprechen Bände!...

"Willkommen deutsche Freunde".

Habt teil an unseren Leistungen, schaut Euch um und speist mit uns! Was für Menschen! Ganz eigen, liebevoll werden die lukullischen Genüsse auftragen, jedem einzeln und mit Wünschen zum guten Appetit.

Und die Kinder! Und die Älteren! In uns nagen Tränen. Viele verstehen uns, denn Deutsch ist Schulfach. Und ein junger Mann will sichtlich ins Gespräch kommen. Fragen über den Fotoapparat und den Belichtungsmesser und die Technik führen dazu, daß er sein Ziel erreicht; er übergibt mir ein Kettchen mit einem Kreuz aus seinem Besitz, dem Besitz seiner Familie, wie er sagt. Unsere Freundschaftsgaben gehen in die umgekehrte Richtung – es gibt keinen fröhlicheren Menschen!

Ein Steppke schenkt mir sein kleines Taschentuch. Es ist ihm augenscheinlich sehr ans Herz gewachsen, und er überwindet sich selbst. Ich finde in diesem Büchlein einen Rubel! (Er wird ihn aus Versehen darin haben liegen lassen).

Aber ich sehe ihn nun nicht mehr, den kleinen lieben Kerl; zurückgeben kann ich den Geldschein nicht mehr! Jedoch seine Adresse finde ich. Meine Claudia, 5.Klasse, wird ihm mit noch ungelenken kyrillischen Buchstaben radebrechend antworten für mich! –

50 Stunden Bahnfahrt nach Hause sind nun Stunden, die wie im Fluge vergehen.

Einsamkeit

Vor Jahren sehnte ich mich manchmal nach Einsamkeit: Auf dem Rücken im Grase liegen und den Wolkenbildern nachschauen. Kein Laut, der stört, nur Grillen zirpen und fast erstorbenes Mittagskonzert der Vögel, da die Glut der Sonne auf allem ringsum brennt. Ich liege im Halbschatten einer Kiefer, es duftet nach Harz und vielen Waldrandblumen wie Waldweidenröschen und Kamille, Schleifenblume...

Hoch oben zieht ein Flugzeug seine Bahn und seine Geräusche wallen weit weg zur Erde. Die Streifen hinter ihm beginnen ein Zickzacken, um bald in Breite aufgelöst zu verschwinden.

Es war nie lange genug um auszuruhen, Aufgaben und Pflichten rissen einen wieder hoch, müder und abgespannter denn je.

Heute fühle ich mich zu allein, Einsamkeit schmerzt, weil sie auch ausschließt!

Allein im Häuserl, allein im Garten, allein mit sich – die Stunden rinnen, und nicht bewältigte Probleme drücken auf die Seele.

Bau doch noch: Mit sechsundsechzig hast Du doch wohl noch Zeit? He, Du! Nimm einen Kredit auf, zinsgünstig, weil der Bau wohnungsbauschaffend ist! Sicherheiten hast Du zu bieten: jeder Quadratmeter Boden, den Du besitzt, ist eine solche. Und Du sparst jährlich fünftausend Mark Miete; denn die Grundsteuer zahlst Du sowieso!

Alleinsein bringt viele Gedanken. Wird das Leben so weiter gehen (sollen) wie jetzt? Helga wird in knapp eineinhalb Jahren Rentnerin sein. Dann tun und lassen wir alles gemeinsam. Oder werden wir unsere eigenen Vorhaben jeder für sich ausfüllen und nur eine Zweierbasis dazu als Ausgangspunkt benutzen?

Die Wünsche und (Noch-) Hoffnungen sind ja schon vom Alter und Geschlecht her verschieden – immer schon gewesen – das wird bleiben.

Sonne

Die Sonne ist mein Lebenselixier. Scheint sie nicht, senkt sich mein Stimmungsbarometer "gegen 0". Mit der Sonne erwachen meine Lebensgeister, sprichwörtlich am Morgen, wenn sie aufgeht.

Wochenlang steht sie am Himmel wie diesen April, diesen Mai. Genau dann, wenn viele Menschen glauben, jetzt sei's genug mit blauem Himmel und blendendgoldener Scheibe, und dunkles Gewölk zieht auf, es gewittert – erst in der Ferne – immer näher kommend und es beginnt zu winden und zu regnen, Kühle kommt mit dem Wind, dann nickt mein Fröhlichsein in einen dunklen Schacht der Traurigkeit! Bloß heim, da wo nicht nur alles tropft und näßt, sondern wo Asphalt und Pflaster, dicke Wände Wärme abgeben und bald wieder trocken sind. Dann möchte ich die Zeit verschlafen und bei Sonne wieder aufwachen!

Aber es gewittert und "schüttet" die ganze Nacht hindurch, so daß es keine Aussicht auf einen freundlichen Morgen gibt. Und dann bin ich "gedrückt", Langeweile beschleicht mich, nur wenig kann noch meine Stimmung heben. Kommen dazu im Fernsehen die Überschlauen Worte, Leute, die mit Unverschämtheit und stark überhöhtem Selbstbewußtsein, mit Frechheit "apostolisches" Können zeigen, sich vordrängeln und von den Moderatoren umständlich- hochwissenschaftlich und als einmalig vorgestellt werden, obwohl der größte Mist an Haaren herbeigezogener Leistung zu sehen ist, die in Talkshows eine "große Fresse" haben, weil sie alles zu Wissen vorgeben, dann wird mir elend zumute und ich frage mich nach Sinn und Zweck echten Kunstwerks, wahrer Hingabe, selbstloser Meisterschaft. Die

Scharlatane haben das Wort, und die Fernsehstationen trachten nur nach hohen Einschaltquoten, nach "Headlines" und Sensationen; alle wollen "Kohle" machen und sind doch nur Cretines. Dann zweifle ich am Wert des Lebens!

Ich komme aus depressiver Haltung nicht mehr raus, es sei denn, die Sonne scheint wieder und vertreibt den Spuk der Dunkelheit und brennt die schwärenden Wunden der Gesellschaft aus!

Wenn das tatsächlich so einfach wäre! Ich kann nicht davon lassen, diese Wunden als die meinen fühlen. Obwohl ich mir immer wieder sage, daß ich ursächlich damit nichts zu tun habe. Hätte ich mich in die Politik begeben sollen, das Sieb des Sisyphus füllen wollen? Da waren schon andere vor mir da, Karrierereiter, die so gut lügen konnten, daß man ihnen ihren Fortschrittsdrang sogar glaubte! Da fragt mich einer, als ich bei einer Parteisitzung meinen Lebenslauf kurz schilderte, ich sei u.a. beim MfS gewesen, ...: "Als Opfer oder als Täter?" Dabei glänzte sein Gesicht vor Selbstzufriedenheit und Eifer, so daß ich auf diese ganze Partei "schiß", die in ihren Reihen Menschenverächter bewahrte. Und als dann noch ein wichtiger Brief über Stasimachenschaften unbeantwortet blieb, wußte ich, daß es sich nicht lohnt, ehrlich mitarbeiten zu wollen; mir fehlte die Selbstüberschätzung, das Hautöl der Unfehlbarkeit, das Schrittvermögen über Leichen hinweg.

Dann kam ich mit einem Verlag in Berührung, ließ mich trotz der Charakterisierung durch den "Spiegel" nicht abbringen, ihm meine Manuskripte anzuvertrauen und zahlte Lehrgeld. (Im wahrsten sinne des Wortes.) Ein nächster Herausgeber --Verleger ließ sich statt barer Münze in Wartezeit bezahlen. Auf diese Weise wurde mein politisches Engagement zu einer

Leidenszeit persönlicher Herabsetzung. Aber ich habe bis zu diesen Zeilen und Gedanken und weiterhin folgenden nicht die Absicht, aufzugeben.

Jeder hat einen Traum im Leben. Von diesem hofft er, er gehe in Erfüllung. Dieser Traum durchzieht Tag und Nacht. Und Deuter nächtlicher Gedankenbilder sagen, des nachts geschaute Ziele und Wünsche des Tages, versprechen Erreichen und Konkretisierung des Lebenstraumes schöner, reichhaltiger und voller Befriedigung. Sie verhelfen dem Empfänger zu wonnigen Freuden lohnenden Erdendaseins, großartiger als geahnt.

Dem Lebenstraum entrann er seit der Kindheit nicht mehr. Nur die einzelnen Wünsche und Endpunkte wandelten sich; ihr "roter Faden" aber war eine "Tat für die Menschheit". Erst war es die Mutter, die ihn bestärkte, von einem imaginären Pfad nicht abzulassen. Dann war es der Vater, der die Grenzen absteckte in realistischer Weise, wie sie den Männern eigen; Lehrer und jugendliche Freunde wechselten sich ab, Zielstrebigkeit und Ausdauer zu schüren. Sein Wollen und Können erhielt immer genauere Formen und Inhalte: Die eine Art zu arbeiten war, Bilder zu zeichnen und zu malen. Er tat es nach der Natur, nach der Vorstellung und aus der Fantasie; wörtlich darzustellen, was das innere Auge schulte, die Vorstellung verdichtete und die Umwelt darbot, die andere.

Die meisten Menschen seiner Umgebung hatten nicht die richtige Urteilskraft. Und was angeblich geschulte Leute zu seinen Arbeiten von sich gaben, stellte ihn nie zufrieden. Alle redeten nur, was sie aus Eigenliebe zu sagen hatten, das war nicht viel. Da blieb ihm dann nichts übrig, als durch das Sieb seiner Zweifel sich selbst einzuschätzen. Dabei kam er nur selten gut weg. Aber er wußte, daß er dennoch etwas konnte.

Seine "Werke" häuften sich, unverkäuflich. Und draußen wogen Scharlatane der "Szene" mit ihrem Werkeln sein Manko auf. Und da die Männer und Frauen der Öffentlichkeit bestimmten, was Kunst und Können sind (vielleicht auch nur "Kunst"; denn Können zählt ja heute kaum noch!), kam er – vor sich selbst zwar nicht – immer mehr in Zweifel ob eines Erfolges, aber immer weniger in die Gelegenheit, sein Schaffen zu zeigen. Es blühte im Verborgenen, mal von diesem oder jenem gut geheißen . Die Öffentlichkeit hat Geld, dieser oder jener Betrachter keines, und da nur Einnahmen zählen und gesellschaftsfähig machen, kümmerte sich die öffentliche Gesellschaft wenig oder gar nicht um ihn und sein Schaffen im Kämmerlein.

Eigentlich ist es auch gar nicht wichtig, was Kreativität abwirft, aber Geschaffenes lebt nun einmal von den Mitmenschen; denn der Mensch ist vor allem ein gesellschaftliches Wesen, dann erst ein biologisches.

Was also tun?

Dem Kampf um Vollendung mußte der Krieg ums Beachtetwerden folgen! Und das war ein echter Fight, ein Schlagen und Hauen auf Biegen und Brechen. Wer aber dabei geschlagen und gebogen wurde, war nicht genau auszumachen.

Vielleicht vollzog sich vieles nur in seiner Gedankenwelt, aber was in Wirklichkeit geschah, das hatte seinen Preis, ehe es sich entwickelte. Der Preis ist der Geldausdruck des Wertes, und es gibt viele Händler in Sachen Bilder oder Bücher, die nur den Wert ihrer eingesetzten Gelder und Materialien (also ihren Aufwand) kalkulierten, denen das Werk an sich gar nichts bedeutete sondern nur seinen zu erzielenden

Preis (also den Nutzen).Er verkaufte ein paar Bilder, mehr verschenkt, als bezahlt, verschenkte einen noch größeren Teil, um quasi Werbung zu machen; aber wie es Bilder so an sich haben, sie hängen, wenn überhaupt, in geschlossenen Räumen, aus Gewöhnung bald nicht mehr recht beachtet, die verschenkten noch schneller.

Das Schreiben war ihm zu Bedürfnis geworden, und er hatte ja auch etwas zu sagen. Und so geriet er zwangsläufig in die Hände eines Händlers in Sachen "Literatur". Dessen "Lektorat" nahm sofort an! Und der Vertrag wurde perfekt gemacht.

Das Schreiben hatte ihm Freude gemacht und gebracht. Er war allerdings schon über fünfzig, als er damit richtig anfing. Vorher hatte er seinen Kindern, seiner Nichte manch gut zensierten (benoteten) Aufsatz, manch Bericht geliefert; " ellenlange" Briefe waren seit eh und je sein Steckenpferd und erfreuten Freunde, Bekannte und Verwandte (oder sie brachten diese zur Verzweiflung wegen der "guten Schrift").

Sein Lebenswerk wurde die Trilogie "Jahrgang 27". Das Kindheit, Jugend, Geburts- und Heimatland, Jungmanneszeit und Zeit des Familienvaters verbindende Prosapostament, gewürzt mit Kurzgedichten und Einzelversen, sich Bahn brach durch die Schleier und Schlechtwetterwolken, blieb aber im "Sockelbereich" bedeckt, da es ein verbotenes Ding war. Es verstieß gegen die Maulkorbgesetze der DDR, gegen den Opportunismus "ach so edler" Selbstlosigkeit, die der Schwarz – Weiß – Malerei deutscher Nachkriegsselbstbesudelei frönte. Kriegt der Deutsche nicht Befehle und Härte zu spüren, kriecht er im Kotau vor der Welt, die – gar nicht so lange her – zusah, wie Hitler und seine "Nationalsozialisten" allem auf der Welt vor den Kopf stießen und den Verbrechen freien Lauf ließen, unterstützt von Zauderern wie Engländern und Franzosen von Mitverbrechern wie Stalin. Auch die Wiedergutmachung an Juden wurde ein Kniefall vor Israel, das 825.000 Palästinenser vertrieb, UNO – Resolution zur Rückgabe besetzter ägyptischer, jordanischer, libanesischer und syrischer Gebiete nicht nur mißachtete sondern höhnisch zurückwies; 77% palästinensischen Bodens durch Englands Gnade einheimste ("They must be quiet!" war Shamirs "Völkerrecht für die Palästinenser".) Herr Begin durfte Helmut Schmidt beleidigen- nichts verhinderte den deutschen Kniefall; obwohl zwischem dem Versuch, wiedergutzumachen durch riesige Geldsummen (Geld beruhigt, kann aber nicht heilen oder wieder lebendig machen!) und der Finanzierung israelischer Politik ein Riesenunterschied besteht. (Im Golfkrieg mußte sich Herr Genscher vom israelischen Außenminister sogar andeuten lassen, er solle das Geld der deutschen Feiglinge sich irgendwo hinst...).

Lange Zeit malte und zeichnete er nicht; zwar trug er viele Sujets mit sich herum, hatte aber beinahe Angst, sie zu beginnen. Mit einem mal entdeckte er das Meer für sich als Thema. "Das blaue Meer", "Die Welle", "Eilende Schiffe", "Kutter im blauen Wasser", Fracht- und Containerschiffe, Segler vom Jollenkreuzer bis zur "Gorch Fock", Tanker und Stückgutriesen "entstiegen" seinem Pinsel. Landschaften vor der Natur, nach Skizzen mit Farbangaben und mit Hilfe der Vorstellung; die "vier Elemente" (nach Anaximander), Wellenberge und "Flaute" im ablandigen Wind, wieder "Das ewige Meer", dann Stadtlandschaft und das "Grüne Meer" vervollständigten die Zeichen seiner Malwut. Aber das hing nun fast alles in seinem "Häuserl" in der verglasten Veranda, wo er's gemalt hatte, und im großen Raum wie auch im "Schlafzimmer"-chen .

Unterdessen trotzte er dem freimarktwirtschaftlichen Gaunertum" seines" Verlages, einer Mischung von Blendern und Lüge, Geldgier und schlechtverstecktem Hochstapeln. Trotzen konnte er nur mit Worten. Die gerissenen "Literaturanwälte" wußten genau, bei einem Gerichtsstand in Frankfurt am Main und den Preisen für Rechtsanwälte , kann dieses "kleine Licht" nichts machen. Obwohl er anständig aus dem "Vertrag" aussteigen wollte, er dann wenigstens die "krummen" Punkte dieses Machwerks gerade biegen wollte, die aalglatten Manager gaben ihm keine Chance, da sie bar jedes Anstandes und Rechtsgefühls, jeder Ehrlichkeit und Kulanz waren. Besserwessis, cleverer als ein Harmlos-Ossi, hatten sie immer die Nase vorn; sie konnten seine Argumente ihm "im Munde herumdrehen". Chef oder Chefin antworten selten selbst; das überließen sie ihren Damen mit stereotypen Schlußsätzen "...auf weitere gute Zusammenarbeit". "...Wir freuen uns auf einen weiteren problemlosen Ablauf", und sie ließen dabei offensichtlich den Vertrag so auslegen, wie sie sich das dachten.

Aber einmal ist alles ausgestanden. Und man kann getrost fünfundsechzig Jahre alt werden, dazulernen muß man immer und immer wieder!

Nun sind viele Prospektblätter versendet; es gibt auch schon Meinungen und Urteile, sie sind positiv. Begrüßt wurde das Engagement, die Wendejahre der Erinnerung zu entreißen und sie wieder - aus einer nicht alltäglichen Sicht – gegenwärtig zu machen.

Am meisten machte sich der Autor Kopfzerbrechen über sein veröffentlichtes Gedankengut. Gerechtigkeitssuche ist ein Sichsetzen zwischen viele Stühle von Glauben und Wissen, Wollen und Tun! Er bittet um Verzeihung! (Da er ja niemanden verletzen wollte, sondern das Nachdenken angeregt werden sollte, das Mit – dem – Stoff – Beschäftigen für alle, die eventuell "unpolitisch" sind, besonders für die, die nichts mit Politik zu tun haben wollen und damit im Gegenteil politisch sind: Nichts fordern, alles "so lassen", niemandem weh tun...).

Aber er wird wohl doch manchen verletzt haben! Das mußte er in Kauf nehmen, wenn es auch schmerzte. Ganz dicht beieinander liegen die Gegensätze, und mit dem Glauben allein kann man nicht alles verdecken; meist ahnt man, will aber nicht sehen.

Er fühlte eine zwingende Einsamkeit; denn wem sollte er sich anvertrauen? Nichts aufdringlicher als ständig mit seinen Gedanken im Kreise zu gehen! Niemand kann einem helfen, weil keiner einem so nahe steht, daß die Nähe allein schon Trost ist. Seine Tochter Claudia war nicht mehr im Hause. Mit ihr verband ihn ein "Sich – Verstehen" ohne viele Worte aber auch mit Bernd, an dessen anmerkenden kurzen Sätzen er ein Verständnis entdeckte, daß es ihm ein wenig ,warm´ ums Herz wurde.

Seit seiner Kindheit hatte er den Alleingang entdecken müssen; er hatte ihn oft selbst verschuldet, weil er so manches Mal nicht zuhörte – mit seinen Gedanken - ganz woanders. "Schußlig" nannten das die Familienmitglieder. Seine Schusseligkeit brachte ihm Wehtun und Nachteile ein. Er klammerte sich damit selbst aus! Seine kleinen und größeren Ziele ließen ihn eigene Methoden finden (Methode = Weg zum Ziel), um Wünsche zu erfüllen, Geheimnisse zu lösen, Problemchen und Probleme in den Griff zu bekommen.

Er träumte auf offener Straße, rannte gegen eine Parkbank (!) und stieß sich schmerzhaft, mußte sich an der Stoßstange einer Taxe festhalten, um nicht unter sie zu kommen, was der geistesgegenwärtige Fahrer durch scharfes Bremsen verhinderte, er durch Gegenstämmen "unterstützte".

Tagelang – natürlich nicht in einer Folge – versuchte er Linoleumstücke für seine Schnitte zu bekommen! Seine paar Pfennige, wer weiß woher er sie hatte, sollten dafür angelegt werden. Da er kein Fahrgeld hatte, mußte er laufen, manchmal stundenlang – ergebnislos. Irgendwer hatte da ganz zufällig Abfälle, und das Suchen war beendet.

Er schleppte Gedanken über eine Internatsschule mit sich, wollte auf eine "Napola", hatte eigentlich Angst davor, fuhr nach Potsdam mit Karl–Heinz und war froh, nicht mehr angenommen zu werden, da er zu alt war. Mit der Heimschule Dingelstädt gelang es dann, und flugs war er traurig, hatte Heimweh und verkürzte recht unbedacht das Zusammensein mit seiner Mutter, die über alles liebte. Aber eben auch vor ihr hatte er seine Geheimnisse. Die Pubertätszeit schleppte er mit sich allein herum, mit quälenden Ängsten. Mutter konnte über soviel sprechen, nur über diese menschliche Angelegenheit nicht.

Er bohrte solange in sich selbst hinein, das "Sommerlager der HJ" mitzumachen. Dort in den Wäldern am Stechlinsee konterte das innere Elend; denn nichts war so wie in der Vorstellung! Er war eigentlich ein "Spätzünder". Aber keiner sah ihm seelische Tiefpunkte an, da er groß gewachsen war, und rein äußerlich immer froh aussehend. Dabei wußte er stets nur, was er nicht wollte, selten, was zu tun sei. Allerdings weltanschaulich war die Ablehnung der Kirche eine aktive Regung, das Niemals – Heiraten – Wollen auch. Er hatte ja das schlechte Beispiel seiner Eltern in Sachen Ehe von Vaters Seite her und dessen Egoismus, sprich: Geiz gegenüber Frau und Kindern, vor Augen. Wie viele Männer mußte er auch schmerzvoll Lehrgeld für wenig vorausschauende Taten zahlen! Sein Nasenbein wurde ihm eingedroschen, er schürfte sich seine Gesichtshaut ab, er zerschlug sich seine Knochen bei Stürzen, brach sich einen Fußknochen, beinahe das Genick (zweimal!) und hielt den Schädel für einen "Nebenscheitel" und einen "Jochbeinbruch" hin. Sein Nasenbein erhielt einen Schlag von links , so daß der linke Nasengang geschlossen war, und von den Iwans mußte er sich fast ausknocken lassen; ein halbes Jahr ging er mit Sonnenbrille, um das Rot seiner Augen zu verbergen!

Und das Rot seines Lebensfadens zog sich durch alle Fährnisse. Eines Tages hatte er angefangen zu schreiben, widmete das werdende Buch seinem Cousin Rolf Ihlefeldt, der im blühenden Alter von vierundzwanzig Jahren beim Überfall auf den zweiten Verbrecher auf der Welt, Stalin, dem ersten sein Leben opfern mußte.

Alles was in Mitteldeutschland – DDR genannt – die Seele peinigte und im krassen Gegenteil zur schönen Jugend stand, legte er in die Zeilen und dazwischen. Wieder tappte er damit in ein Unglück, geahnt, aber nicht für bare Münze gehalten!

Sein Lebenstraum forderte einen hohen Tribut, lange bevor er in Erfüllung ging. Einmal (also) materiell – finanziell, ein andermal seelisch – geistig. Er hatte einem Freund die Widmung ins Buch geschrieben: Gerechtigkeitssuche ist eine Gratwanderung , die selbst durch die Herzen von Freunden geht und zwischen allen Stühlen endet. Sie erlaubte ihm kein Tabu, weder die Israelis noch die Palästinenser, noch die Kirche, noch die Militärs in Argentinien, noch die kommunistischen Serben und ganz bestimmt nicht die ehemaligen (noch lebenden) Machthaber in der DDR

159

und hinter dem eisernen Vorhang, auch nicht viele seiner "Weggefährten" durch 40 – Jahre – DDR.

So konnte er sich – wenn überhaupt – eines Protestes sicher sein. Oder waren die Menschen allen Drecks so überdrüssig, daß sie ihn übersahen (überlasen)? Alle Medien brachten ja täglich Schauermeldungen aller Art penetrant dick, und es ereignete sich ja auch soviel Ungeahntes, soviel Mord, Totschlag, Betrug, Hehlerei, Raub und Gesetzloses, daß man abschalten wollte.

Da war ein Stück erlebnishautnah im MfS – Gefängnis, das vielleicht etwas bot, in Teilen sogar menschlich verständlich, wenn auch in vielen Einzelheiten offen. (Gerade deswegen zum Nachdenken und nicht "Zur – Tagesordnung – Übergehen"?)

Ja, aber das Echo war spärlich! Ein, zwei Freunde meldeten sich; die anderen gaben nichts von sich. Sollte der große Kladderadatsch erst kommen?

Mit den Tricks und Winkelzügen, Täuschungen und dem Für – Dumm – Verkaufen durch den sogenannten Verleger war erst der erste Teil des "Erfolges" bereits am Werke gewesen! Das Recht? Das Recht gilt nur über einen "Rechtsanwalt" in diesem Staate der Geldleute, und den konnte er sich nicht leisten! Also Schwamm drüber? (Wie sagen kluge Leute? "Eines Tages wird sich die Gerechtigkeit schon durchsetzen ! Dann bist Du der Gewinner.)

Es gibt viele "kluge" Leute. Mit diesen sollte man eigentlich paktieren. Aber das Arschkriechen lag ihm nicht!

Dafür rang er um so mehr mit sich und seinem "Werk". Obwohl er sich ja gar nicht so sehr ausgebreitet hatte. Er hatte zum Nachdenken anregen wollen und wahrscheinlich auch getan.

Trotz aller Schatten brach die Sonne sich immer wieder Bahn und war Bewahrer des Optimismus!

Zwar habe ich mich gequält, um den Ausdruck, um ganze Sätze um Vollständigkeit des niederzuschreibenden Gedankengutes gerungen; was dann gelungen schien, war ein Dank an die Sprache, die soviele Möglichkeiten bietet, die – obwohl sie nur Gedachtes ist – alles fest und sicher "in den Griff" bekommen kann und so wunderschön ist wie eine holde Frau ist, wenn man sie liebt und in ihr aufgeht!

Stimmt das? Die Sprache ist die materielle Hülle der Gedanken? Ja, aber erst wenn sie niedergeschrieben oder auf Tonträger gebracht wurde. Milliardenfach Gedachtes, um anzuknüpfen an voriges Denken, schwebt im Raum – wurde alles schon einmal irgendwo durch den menschlichen Geist erarbeitet und braucht "nur" noch abgerufen zu werden von Menschen, die dazu in der Lage sind? Wohin schweben Klänge der Musik, wohin die Melodien des gesprochenen Wortes?

Inzwischen ist viel geschehen. Fast wie ein Wunder waren der kometenhafte Aufstieg Gorbatschows, sein Sieg über das kommunistische Mittelalter.

Allen Satellitenstaaten brachte er das Ende des Kommunismus. Und nun geht das Ringen um einen menschenwürdige Gesellschaft mit wechselndem Erfolg voran. Die alten ewig Gestrigen wollen – wie sollte es anders sein? – nicht weichen, und die neuen sind immer noch ohne eigentliches Konzept. Sie haben Angst vor Strenge und Zwangsanwendung. Aber ohne beides kommen die Menschen noch nicht aus! Es kann eben nicht jeder tun und lassen , was er will. Vor allen Dingen ist Mut zu Offenheit und Wahrheit gefragt und Mut zu kämpfen gegen die Verbrecher unter den Kommunisten. Und die Demokratie muß in den eigenen Gefilden Sauberkeit und Ehrlichkeit wahren!

Dann bekommen auch Opfer der Vergangenheit einen Sinn für die Entwicklung der Menschheit.

Die Bundesrichter sehen so aus, als wäre jeder von ihnen 218 Jahre alt und auch schon so lange aus der Mode. Ihre Roben charakterisieren Männerdominanz. Sie spielen sich gegenüber allen Frauen auf, wie man es seit dem Patriarchat kennt! Allein die Frauen haben zu bestimmen, ob sie ein Kind wollen oder nicht. Wenn man ihnen Schamlosigkeit, Verantwortungs-losigkeit, kriminelles Grundverhalten, Leichtfertigkeit u.v.a.m. unterstellt, dann muß man sich eingestehen, daß die Erziehung von Kindesbeinen an, die wirtschaftliche Abhängigkeit und ihre Stellung im täglichen Leben überhaupt niemals "in die Hand" genommen wurde. Sie wurde in der Demokratie bisher nur mit Versprechungen gespeist, ihre Gleichberechtigung ist eine Lüge! Was dem einen recht ist, ist dem anderen billig.

Für die Türken sind fast alle Kurden Terroristen. Ganze Dörfer, Sippen, Familien wurden (auch unter Einsatz Deutscher Waffen!) ausgerottet, weil angeblich die Kurdische Arbeiterpartei dort gekämpft hatte. Wen "tangierte" das schon? Lächerliche Proteste der Bundesregierung waren nur ein Feigenblatt vor der Welt.

Sehr viel empfindlicher reagiert die Welt und reagieren auch die Türken wenn es an ihre Haut geht. Der jüngste Fünffachmord in Solingen wäre durch die Todesstrafe für die Mörder (so man sie kriegt!) gerecht geahndet. Daß aber die Kurdenschlächter offiziell durch ihre Regierung und in Solingen selbst durch Gewalttaten wie Zerstörungen aller Art Deutschland mündlich und tätlich angreifen, ist gegen jede Gastrolle, die sie hier spielen. Sie sind ja fast alle freiwillig in dieses Land gekommen! Was sie den

1000den Kurden – ihre Staatsbewohner – antun, ist "gerecht", was hier einige wenige erleiden, berechtigt sie noch lange nicht, Gewalt mit Vandalismus zu beantworten! Hier ist ein Rechtsstaat (!) (der allerdings oft diesen Beweis schuldig bleibt).

Bernd aus München war da; Gerda, bei deren Hochzeit ich voriges Jahr anwesend und ihr Wolfgang. Gerhard S. aus selbiger Stadt, ihr Vater, hatte mich eingeladen. Nun zeitigt die junge Ehe in diesem Frühling ihre Aufgabe,... und mehret Euch redlich.

Berlin – früher, jetzt, morgen – um diese Stadt kreisen die Gespräche. Wir waren einer Meinung: Wir brauchen keine Schwätzer, sonst verliert die Hauptstadt ihren Anschluß. Immernoch liegen die "strategisch wichtigen" Wüsteneien an der ehemaligen Mauer brach; vom Fernsehturm wirken sie wie sandgelb – graugrüne Wunden. Andererseits sollte weiterhin Stehendes abgerissen werden, ehe sie geheilt sind, stellt die Stadt noch mehr in frage als ihren guten Ruf, sie wird Ort des uneinigen Deutschen, sie wird sein Aushängeschild. Eineinhalb Millionen Türken werden das Bild prägen: Zeltlager im Tiergarten, Parolen – Schmierwände in der Überzahl und randalierende Jüngelchen zerstören nach "Herzenslust". Wie, wenn die Stadt umkippt? Dann werden wir sagen: "Ich nix verstehen, ich deutsch!"

Aber die Heuchelei geht weiter: Ursachen werden nicht aufgespürt. Mörder und Totschläger werden die verfehlte Handhabung "menschlicher" Ausländer-politik nicht stoppen; die eigenen Asylanten, die Abgestürzten, die dem Alkohol Verfallenen, die Streuner, die Fixer, die Süchtigen, die langjährig Arbeitslosen, die am Rande des Existenzminimums Lebenden werden vom eigenen Staat hinter den Wohlstandsflüchtlingen abgekanzelt.

Der Kanzler kommt nicht einmal, wenn das Kind bereits fünfmal in den Brunnen gestürzt ist, er fordert nicht die Todesstrafe für die Verbrecher unter den Deutschen, er tritt nicht ein für ein vernünftiges Einwanderungsgesetz, er erklärt nichts, argumentiert nicht, ist fehl am Platze! Er weist weder die Türken – die Kurdenschlächter – in ihre eigenen Schranken zurück, er kümmert sich "einen Scheißdreck" um Vernunft und um das Ende der mitteleuropäischen Eskalationsschraube.

Zeichen unserer Zeit, "Autonome", werden mit jeder neuen Nennung in den Massenmedien zu unüberwindbaren Schranken hochstilisiert, die Wehrlosigkeit des Staates wie mit Absicht demonstriert!

Die Freiheit wird zur Hure und zum Popanz gemacht! Der Kanzler – wo ist er? Wo ist der Staat? Ab wann wird Ordnung, werden Anstand, Sauberkeit, gegenseitige Achtung durchgesetzt. Der Rechtsstaat wird's schon machen? Die Weimarer Republik hat's auch schon damals "gemacht". Schwachsinnige Passivisten, die auf einen Selbstlauf des Rechts warten!

Nur nicht etwa engagieren: Abwarten, abwarten, abwarten!

Liebe

Ein Mädchen und (wahrscheinlich) ihr jüngerer Bruder stehen auf dem Bahnsteig. Ihr schön – herbes Gesicht zog sofort meine Blicke an und ihr volles langes lockig – welliges Haar in einem gesunden Braun. Schon im Bus war sie mir aufgefallen. Sie trägt eine ziemlich dunkelblaue Jeansjacke, in die im Rückenteil Schrift- und Markenzeichen großflächig eingedruckt sind. Schulterklappen, die an den spitzen Enden, an der Schulternaht goldene Metallverzierungen tragen, große Taschen und Goldknöpfe geben dem Ganzen – sie hat dazu blaßblaue Jeans und schwarze Hackenschuhe an – eine lustige "Färbung".

Sie ist schön, geht es mir immer wieder durch den Sinn; und ab und zu schaut sie sich auch zu mir um, das Gesicht, ihren Körper und ihren kleinen Begleiter gegen den Wind gewendet.

Wir sitzen uns gegenüber. Zwischen Wangen und braunen Augen zeigt sie winzige Grübchen (Zeichen von Leidenschaft oder bereits ausgekosteter Liebe?).

Sie ist schlank, die offene Jacke läßt das schwarze Koppel als Umfänger einer schlanken Taille erkennen, wenn sie sich bewegt oder der Wind sein Spiel mit der reizvoll taillierten Kurzbluse treibt. Sie hat anregende Po- und Beinrundungen, die sich durch die Kleidung "drängeln"! Ihr Haar könnte zum "Drin – Kraulen" verleiten.

Und sie steht dann auch wartend an der gleichen Straßenbahnhaltestelle – Süd. Mit ihrem "Brüderlein" hält sie sich – ihn an sich drückend, ihn wieder loslassend, liebevoll – schwesterlich nahe, als ob sie zeigen möchte, daß sie zärtlich sein kann.

Und dann kommt die Bahn. Sie fährt weiter vor als sonst. Beide steigen zur vorletzten Tür ein, ich auch, sie setzen sich vor zwei leere Sitze, so daß ich mich hinter sie in die Schale rutschen lasse. Sie plaudert mit dem schlanken elf – bis zwölfjährigen Jungen. Sein halblanger Haarschopf verleitet sie zum Krabbeln und Streicheln seines dichten Kopfkleides, schmale Hand in unnachahmlicher Bewegung.

Da plumpst etwas, es ist mein Regenschirm; ich denke erst, der Junge hat eine Schlüsseltasche oder ähnliches fallen lassen und sage das auch. Sie guckt sich um – hat sie verheißungsvolle Augen! Ich bemerke mein umgefallenes Objekt und hebe es auf; sie spricht mit ihrem Begleiter und drückt ihn an sich.

Sie blickt mit einer leichten Kopfdrehung noch zweimal (!) zu mir, wie soll ich das deuten? Mensch, wie alt bist Du denn? Und ich staune über mich selbst, mit welchen Gefühlen und Gedanken ich mich jung fühle und mich treiben lasse! Gäb's keinen Spiegel, ich wäre der empfängliche Jüngling von damals, dem zur rechten Zeit so oft das richtige Wort fehlte!

Wieviele holde weibliche Gestalten hätten "mein" werden können! Wie oft konnte ich mich ohrfeigen (in Gedanken) nach verpaßten Chancen. Und das Leben geht so schnell vorbei! Erschien es mir nur so, daß die anderen immer das Mädchen bekamen? Zarte keusche Jugendliebe, Erfahrungen im Umgang mit weiblichen Geschöpfen und körperliche Wunderentdeckungen, heiße, sich verzehrende Liebe, zu Herzen gehende, alles ausfüllende Zuneigung und Nähe, Blicke in schöne Augen, auf wundervolle Lippen und saugende Küsse, ineinander Aufgehen und Geben habe ich ja erlebt, gefühlt, gespürt, berührt, erstreichelt und mit Händen, Ohren, Nase, Mund und Haut "erfahren"!

Nun kann ich mich doch noch oder erst wieder oder ganz von neuem in solch eine holde, leicht spröde Schönheit "vergucken"?

Sie schaut sich noch ein drittes Mal um, aber ich muß raus!

Meine Gedanken sind gefangen! Mit angenehmer Vorstellung verweile ich bei ihr, sie küssend, ihre etwas gesprungenen Lippen verweilen zart auf den meinen. Und ihr lieblicher Körper drängt sich an mich, fast kann ich mit beiden Händen ihre Wespentaille umfassen. Sie läßt das Köpfchen etwas nach hinten fallen und streift dabei mit ihrer Haut mein Knie. Ich kann nur immer wieder ihre Haare streicheln und sie – so müssen Wunder sein (!) – liebevoll spüren...

Ich muß über die Straße und mich sehr in acht nehmen, nicht "unter die Räder" zu kommen.

Ist so etwas möglich? Mich zwingt das Schreibwerkzeug, die liebliche Mädchengestalt wenigstens in Worten festzuhalten; denn – das ging mir immer schmerzlich so – ihre weichen Linien lösen sich schon auf – ihr Angesicht in die nebelnde, blassende Ferne des schwindenden Vorstellungsvermögens!

Alter Junge, verlier dich nicht. Sei eher froh, daß Du noch mit diesen deinen Augen jung wie 18 schauen kannst! Behalt es für dich, mach dich nicht lächerlich, lächle lieber ob des Schönen in der Welt!

Warum bist du nun alt, wenn du doch noch so fühlst? Auch hast du ja immernoch den Blick für das Außergewöhnliche, empfindest und nimmst wahr, was andere nicht sehen, weil sie entweder in deinem Alter schon mit sich selbst reden und nur noch sich alleine beachten, ihre Sorgen und Nöte, morgen und übermorgen zu Erledigendes als das Wichtigste ansehen!

Wenn man erst einmal nichts Schönes mehr entdecken kann, grimmig auf alles achtet, was "gegen den Strich" geht, sich nicht mehr freuen kann, sondern nur noch ärgern – dann "lasciate ogni speranza", lieber Bruder Innerlich.

Gewiß möchte ich noch einmal jung an Jahren sein; aber ich kann nicht ändern, was vom Leben vorgegeben ist. Darum, oh Jünglein oder Mägdelein, vergeude nicht Deine Jahre bis zwanzig und die davoneilenden nächsten; denn mit fünfzig bist Du auf einmal kein junger Mensch mehr! Bis Ende vierzig hättest Du das Zeug zum Kosmonauten: Sieh sie Dir an, es sind alles gesetzte Frauen und Männer, die die optimalen Voraussetzungen für die komplizierte Tätigkeit "auf Erden" mitbringen!

Aber zu alt, um richtig zu hassen (nicht nur nörgeln, zu jammern) bin ich auch nicht!

Ich hasse sinnlose Zerstörung, Mißachtung menschlicher Leistung , sauberer Arbeit, geschaffener Ordnung!

Da sind junge Leute, die hassen alles. "Nolympia", "Nje Europa"! Hassen aus Prinzip, einhergehend mit Demolieren, Schlagen, Dreschen, Provozieren, Zerschlagen. Das ist aber kein jugendlicher Haß, seine Triebfeder ist Neid und Mißgunst, weil sie selbst nicht arbeiten, nichts herstellen, keine Leistung vollbringen, aber gerne alle Genüsse der anderen Fleißigen, Werte Schaffenden auskosten möchten. Stehlen, Rauben, Entreißen, was ihnen nicht gehört; Vergewaltigen, weil ihnen Liebe fremd, das andere Geschlecht nur zur Erniedrigung und zum Abreagieren ihrer Lüste und Süchte dient. Wer so meint, jung zu sein, ist innerlich ausgedörrt, ausgebrannt wie ein alter Ofen, eine Ruine, gehört erzogen, gehört mit Zwang sein Menschsein zu nutzen.

Ich könnte nur sehr schnell altern, wenn diese Verharmlosung serbischen Terrors, kroatischer Moslemvernichtung und –vertreibung – bis jetzt hatten ja die Kroaten das Banner der Vernunft hochgehalten(!) – dieses feige Gejaule nun auch der Amerikaner aus den USA weiter anhielte. Dieses Blödstellen der UNO und aller "angeschlossenen" Wichtigtuer, dieses Verblöden der Europäer durch die Schwätzer und Abwarter, Lügner und Verleumder gesunder Reaktionen auf das Verbrechen, dieses auf die "lange Bank" schieben, dieser bürokratische Barrierenaufbau, dieses immer – und – immer – wieder zerreden "endgültiger" harter Maßnahmen, dieses Umstilisieren der Verbrecher – an ihrer Spitze Milosevic – Karadcic - in Friedensapostel ist die dreckigste Art des Heuchelns und Lügens, des Feige – Seins, und sie wird selbst zum Verbrechen, ist es eigentlich schon lange geworden!

Das alles kann einen fertig machen! Eigentlich gesellen sich nun alle Dreckstücke der Welt zu den Dreckskerlen! Im Großen wie im Kleinen; wenn sie nun siegen?

All you need is love – yeah, all you need is love, d,h, eigentlich: Erziehung der Gefühle –der Verstand sei ihnen Untertan!!!

Ein ziemlich unfähiger Finanzminister

Ein ziemlich unfähiger Finanzminister faßte wenig konkrete Entschlüsse. Der 18.10.1989 wurde nicht zum Stichtag des vernünftigen Übergangs der Bank – und Spareinlagen zur neuen Währung, "Lari – fari" war das Finanzierungsmodell, die Ausgleichsbasis zwischen Ostgeld und DM. Dem kriminellen Potential wurden Türen und Tore geöffnet, das erkannten Gauner und Betrüger sofort.

Die vereinigungsbedingte Kriminalität schluckte Milliarden, die dann fehlten. Jeden Tag neue "Löcher" im Haushalt, die Verschuldung der Bundesrepublik wuchs in die Billionenhöhe.

Der Bürger im Osten bezahlte einen großen Teil der Rechnung. Die Mietpreise sind um das Zehnfache gestiegen, die Fahrpreise inzwischen ums zwanzig – bis dreißigfache, die Löhne und Gehälter nur um das 2,5 fache. Dienstleistungen lassen sich nicht mehr vernünftig im Preis nachvollziehen.

Eine nüchterne Bilanz, die einen Poltikwechsel geradezu herausforderte. Dennoch wurden die Wahlen 94 mit Geduld getragen. 98 wird der Wandel kommen!

Das Christentum

Das Christentum, zur Farce verkommen, ist immer noch Aushängeschild und Feigenblatt. Die Heuchler gaben sich den Namen "christlich" und treiben damit nicht nur Mummenschanz, um sich in die Politik mischen zu können, die die Ausbeutung des Menschen betreibt.

Was ist aus den Christlich – Sozialen, was aus den Christlichen Demokraten geworden?

Eben nur ein Feigenblatt!

Nun sollten sie endlich abtreten, diese Gaukler und Lügner!

Wenn auch nicht sicher ist, daß andere es ehrlicher, besser und uneigennütziger machen werden.

Vielleicht ist die Zeit des Nachdenkens und Handelns zum Guten gekommen! Vielleicht kommen die Kriegsverbrecher vor Gericht, vielleicht wird den Serben auf die Finger geklopft; vielleicht wird den Größenwahnsinnigen der Stachel genommen, sie seien das auserwählte Volk. Vielleicht gibt man den Kurden das Recht, im eigenen Staat zu leben, vielleicht wird der Mörder Sadam, vielleicht wird der "Herr Ministerpräsident Milosevic", Mörderkumpan des Herrn Karadzic und des Herrn Malicz – vielleicht werden alle diese Unterlassungen bzw. Verbrechen gesühnt, endgültig und gründlich? Vielleicht wird der Weltgerichtshof tätig?

Jedenfalls geht es so – wie bisher – nicht weiter, auch nicht der Betrug an Gestrauchelten, Arbeitslosen, asozial Gewordenen, an zu Rehabilitierenden aus dem Osten, an Obdachlosen. In Deutschland muß etwas geschehen, und wenn es der Versuch ist, die "Sozialdemokraten" das Heft in die Hand nehmen zu lassen!?

Die Zeiten des Nachdenkens sind zu Ende; es beginnt die Zeit des Handelns für die Menschen. Das verfemte, durch Lügen gedemütigte Deutschland sollte beginnen.

Verhangener Sommer 98

Fast jeden Tag dasselbe. Morgens blauer Himmel. Von Westen her kommt – nach anfänglicher Freude: Na, heute wird's endlich mal schön sonnig – leichtes Gewölk wie ein Schleier über die Himmelskuppel, und im "Handumdrehen" ist alles überzogen, und dunkle Wolkenflatschen mischen sich ins Bild. Die Sonne brütet ganz da oben über der Wolkendecke!

Die Journalisten hatten uns den "Jahrhundertsommer" versprochen! Dabei weiß jedes Kind, daß eine Wettervorhersage mit Bestimmtheit für höchstens sechs, sieben Tage getroffen werden kann. Aber man glaubt's halt immer wieder, was diese Leute zusammenbasteln. Für das Blatt, dem sie zuarbeiten, ist ihnen keine Ente zu schade. So weiß man wenigstens, was man ihnen zu anderen Themen glauben darf! Im Wahljahr ganz besonders; da wird – je nach Gesinnung – ganz besonders dick aufgetragen, obwohl die Parteien überhaupt nichts zu sagen haben! "Weltklasse für Deutschland", "Wir sind bereit", "Es ist Ihre Wahl". Nur DVU und PDS werden konkret – leider. Aber die Etablierten können nicht von ihren geübten Praktiken herunter. Die Versuche dazu sind schon im Ansatz Lüge, jedenfalls zu ihren bisherigen pflaumenweichen bis nichtssagenden Argumenten (wenn es denn überhaupt welche sind!)

Dem Volk auf die Schnauze schauen und nach den gesunden Anschauungen Politik machen, können sie aus Feigheit nicht. Wir sind kein Einwanderungsland, und Gäste, die massenweise kriminelle Handlungen begehen, so daß bis zu 60% der Hereinkommenden Straftäter sind, das muß dazu führen, daß alle Vergehen und Verbrechen mit sofortiger Ausweisung geahndet werden. Sie haben ja alles auf dem Kerbholz:

173

Lüge, Betrug, Erpressung, Diebstahl, Mord und Totschlag, Einbruch, Gewalt.

Da wir selbst genug Verbrecher in den "eigenen Reihen" haben, muß Gesindel, das von irgendwoher hinterhältig bei Nacht und Nebel ohne oder mit gefälschten "Dokumenten" sich hier einfindet, sich noch untereinander Feuer unterm Arsch aus Eifersucht, Familienrache, Neid und Habsucht macht, ausgewiesen werden – ohne die geringste Chance auf Wiederkehr und ohne Gnade, und auch nicht auf Schleichwegen (vorgetäuschte Heirat, Geschäfts-partner oder "Geldgeber" etc.)!

So haben wir also unter verdecktem Himmel mehr als in anderen Jahren, Zeit und Muße nachzudenken?

Wir sind in einer Sackgasse! "Wahlen" stehen zum Jahresende, Euro – Verführungskünste, die uns aus beabsichtigter Desinformation nichts mehr zum Nachdenken übriglassen ...

Es ist alles festgefahren; die Minister haben alles unter Beschluß, nichts geht mehr.

Die Zeit des Nachdenkens ist vorbei, Kopf in den Sand und bis 100 zählen, dann sind die Langzeitzünder zur Explosion oder Detonation bereit.

Amen!

Heute, 1. Oktober 1998

Es ist kein "Amen" möglich! Und den Kopf in den Sand stecken, geht gar nicht, wenn man noch ein bißchen lebendig ist.

Eine neue Regierung ist da, die alte, sich selbst beweihräuchernde, ist mit einem Kassensturz (in eine nie geahnte Tiefe) zu Ende gegangen; die treuen, starken Mannen verlassen das weiterhin sinkende Schiff, und der alte "Chef" ist froh, nicht nach Berlin zu müssen! Denn die Stadt ist fast eine einzige Baustelle vom Potsdamer Platz bis zum Lehrter Bahnhof – wahrlich kein Ort, um im zukünftigen Regierungs-viertel das dritte und vierte Stadtzentrum als Bauplatz um die Nase zu haben. Bald wird das fünfte Gebiet im Nordosten aufblühen, und dann wird die PDS die "Helle Mitte" im Griff haben. Die neue Koalition SPD – Grüne hat gewaltige Aufgaben zu lösen.

Wie wird es in 20 Jahren am Potsdamer Platz aussehen? Wenn es jetzt schon in der Köthener Straße gegenüber dem alten Potsdamer Bahnhof aussieht, als ob Wahnsinnige dort hausen. Alles beschmiert von kriminellen Dreckskerlen mit Sprühdosen und vom Türkenvolk "zerwohnt", ganze Kinderhorden fühlen sich wie in Istanbul sauwohl und treiben ihren Verschleißkurs rein, raus, rein, raus über Stock und Stein, über Anlagen und Hausflure.

Der Staat wird der hinterhältigen feigen Brut der Zerstörer geschaffener Werte nicht Herr. Was zu DDR – Zeiten am Alex geschaffen wurde, ein Ensemble, das dem Osten Ehre machte, sieht heute nach 20 Jahren verkommen und dem Abbruch nahe aus. Der Beton zerfällt, Deckbleche sind verschwunden, Pißecken breiten ihren Gestank mit dem ständigen Zugwind aus, Läden sind geschlossen oder mit Absicht ihrer einstigen Funktion beraubt, die Paul Verner zur Plage der Architekten und Planer der Inneneinrichter immer wieder bis ins Detail selbst "in die Hand" nahm. Bis zum Palisanderholz und zum Brokat wußte er alles besser. Aber insgesamt hatten die Rathauspassagen ein internationales Niveau! Heute sind Ramschläden, "Second Hand"–Shops oder "Schnäppchen"–Märkte eingezogen. Wo einst die "Finn–Air" sich präsentierte, ist heute ein zweifelhafter Zeitungsladen zu sehen. In den windigen Gängen hocken Ausländer, die Flaschen neben sich, und kleine Mädchen verkaufen Zigaretten und zweifelhafte Genüsse.

Mit dem Wind, der um die Ecken fegt, sind die Bauplaner damals und heute am Potsdamer-Platz-Zentrum nicht fertig geworden: Lange Gänge, parallel laufende Hochhäuser wirken wie Windkanäle und sind eine unangenehme Begleiterschienung.

Im Nikolaiviertel nahebei vom Alex – reißen die Wände an der Gertraudenstraße und stehen im Wettbewerb mit brüchigen Ecken in den Passagen. Alles ist beschmiert, Dreckskerle treiben ihr Unwesen. Unsere Jugend besteht zu 60 % aus halben Analphabeten. Zu Recht und Gesetz stehen sie in einem Kriegsverhältnis, haben fast jeden Maßstab zivilisierter Menschen verloren und hassen die Oberen, die Besitzer von Eigentum und Ordnung; anarchistische Tendenzen verstärken sich; zerstören, was ihnen nicht gehört, ist für sie rechtens. Scharfe und härtere Strafen werden ihnen nicht zuteil.

In 20 Jahren am Potsdamer Platz? Wenn die ungeahnte Freiheit der Demokraten einer Einsicht in die Notwendigkeit (der eigentlichen Freiheit des Menschen) weicht, dann kann das Milliardenobjekt seinen Glanz bewahrt haben. Dann müssen aber auch von oben nach unten Korruption, Selbstbedienung verschwunden sein und das Vorbild der Oberen seine Ausstrahlung wirksam   vollzogen haben! Sogar den ersten U-Bahnzug, der zur Einweihung des Mendelson - Bartholdi - Bahnhofs einfuhr, haben sie beschmiert! Aber das scheint wenige zu stören; denn sogar im TV – Bild war's zu sehen.

Wie wird die Zukunft aussehen, wenn Berlin jetzt schon eine dreckige Stadt ist, sowohl an den Fassaden, als auch auf Straßen und Plätzen?

Schluß

Und zum Schluß, ganz zum ... Schluß heißt: Ende – aber auch, einen Schluß ziehen, einen Gesamtschluß, der sich aufspalten läßt in viele; ernüchternd, staunend, schmerzlich, unausweichlich und alles Nachdenken Beendende.

Freunde? Kameraden? Begleiter? Vorbilder? Weggefährten? Feinde und Neider?

Ich kenne ihn eine Ewigkeit! Vierzig Jahre lang wußte einer vom anderen nichts anderes als die Erinnerung. Und als wir wieder zusammentrafen – nach 1997 ganz gezielt, von meiner und von seiner Seite ging's zu Ende. Sachsen sind helle, heeflich und hinterheldsch. Seinen Doktor – Ingenieur hat er gemacht, ziemlich jung. Nach Briefen, die er aus aller Welt schickte, immer mit der Post aus Hotels und Tagungsorten unter vollem Namen, sich quasi vor mir qualifizierend, wohl wissend, daß die Mauer und die Bedeutung meiner beruflichen Tätigkeit nichts Ähnliches bei mir zuließen, hatte ich jedesmal die Erinnerung an sein sehr starkes Selbstwertgefühl schon in seiner Jugend. Ein Jahr jünger als ich, schon in die Oberschule aufgenommen, jüngster Luftwaffenhelfer und Mitschüler seiner Klasse. Nicht selten tat er sich damit groß. Geboren war er in Leipzig, heeflich aber bestimmt war sein Sächsischer Stolz. Dann hatte er aber das große Unglück, als jüngster Soldat in sowjetische Kriegsgefangenschaft zu geraten. Stark angeschlagen, wuchs sein Ehrgeiz, um es allen zu zeigen: Ich bin helle. Ich habe mit meiner Qualifikation die ganze Welt kennengelernt. Die Mauer war durch uns hier geborsten, der Weg nun frei für alle von dort drüben, die mit den unterschiedlichsten Motivationen kamen. Bis nach Hause zu mir zu gelangen, verbot ihm sein Status. Ihm auf seine

Anmerkungen, er sei da und dort für einen Tag oder ein paar Stunden, einen Besuch abzustatten, er hätte etwas Zeit zwischen wichtigen Tagungen, Konferenzen, Verhandlungen, ließen in mir Widerstand der Gefühle entstehen.

Endlich lud er mich hier in Berlin ein, prompt ging alles schief. Überheblichkeit des Gönners, seine Frau hatte Besseres zu tun, als dabei zu sein, zog sich in der genannten Heeflichkeit durch unser Treffen. Die Vergangenheit hätte fast jede Bedeutung verloren, die fünf Jahre bis 1952 seien so gut wie vergessen, da er ja kämpfen mußte, um das zu sein, was er geworden, Zeit zum Erinnern war ihm im Gegensatz zu mir in der unschöpferischen Staatsbevormundung und –lenkung nicht geblieben. Er staune, welche Nichtigkeiten ich in meinem Gedächtnis behalten habe. Er schenkte mir das Buch der Geschichte des Jahres1927 (von mir stünde nichts darin!) und mit der Versicherung, wir sollten uns schreiben, schieden wir voneinander. In seinem Korrespondenzanteil schwang Überheblichkeit mit, und in meinem Buch "Wendejahre" sei auch mein enger Horizont – natürlich "könnte ich nichts dafür" – der DDR festgehalten. Mein zweites Buch "Jahrgang 27" würde er ganz gerne mal lesen. Seine überdimensionale (aber banale) Einschätzung unseres Lebens hier ließ mich kontern, und das war zuviel! Ohne Kommentar erhielt ich das zweite Buch zurück und war auch die dritte Einschätzung der sächsischen Eigenschaft – hinterheldsch – bestätigt; denn die "Sache" war für ihn erledigt, da ich nicht "kroch" sondern die mitleidig – gönnerhafte Westpose durchschaue.

Viele Bindungen gingen nach 1989 "in die Binsen", da auf einmal der Nimbus der "Westler" sich auflöste, als wir erkannten, daß vieles als "Tücke aufgebaut" war.

Mein Bruder? Er meldete sich nicht mehr. Mein "Nenn" – Cousin ist sich zu fein, ein Wort an uns zu richten. Mein Gabbe – Mitschüler Henri brach alle Schranken ab seit dem Tag, da ich sein Heim und seine Lebensweise kennenlernte.

Die Uschi vom Limburger Hof verlor alles Interesse, als die Mercedes – "Abfindung" von 500.000 DM sie weit über uns erhob. Meine Auszahlung nach über 30 Jahren Tätigkeit in der Handelswerbung betrug 6.750 DM, die ich erkämpfen mußte. Eine Westtochter der "Treuhand", die "Gesellschaft zur Auflösung des Handels" (der DDR), stufte das als vollauf genügend ein.

Siegfried, politisch – ideologisch mit Staat, Partei und Sowjetmacht gemeinsam mit seiner Frau aufs engste verbunden, kapselte sich hermetisch ab. Einst waren wir durch "Dick und Dünn" miteinander gegangen!

Peter, der in mir als dem Älteren immer einen Helfer und Freund gesehen hatte, ließ mir ganz offen die Nachricht zukommen, er halte nichts mehr von einer gewissen Gemeinsamkeit. Jahrelang suchte ich ihn, fand ihn endlich hocherfreut – aus.

Ich schickte und schenkte ihm meine beiden Bücher, dem Mann "drüben"; nicht einmal ein Dankeschön kam von dort. Kann mal ein Akademiker auch Herzensbildung aus einem Studium mit hohem Abschlußexamen mit in die "human relations" der Welt mitnehmen? Wer trägt seine Nase so hoch, daß er den Boden nicht mehr sieht? Arroganz gebiert wenig menschliche Züge und auch Unfähigkeit. Bundesdeutsche "Manager" tragen solche als Markenzeichen mit sich herum. Nur die Ellenbogen können sie benutzen. Gepaart mit zu großer Selbsteinschätzung erkennen sie ihre Schuhspitzen nicht mehr. Wer glaubt, ein Staatsbeamter sei -

zumindest dienstlich - ein Diensthabender und Gesetzeshüter ohne Tadel, muß sich in Deutschland mancher Enttäuschung hingeben. Behörden sind noch nicht einmal dienstlich zuverlässig. Recht haben und Recht kriegen sind zweierlei Dinge. Nicht einmal Staatsanwälte wollen auf (ihnen nicht zustehende) Privilegien verzichten; sie halten fünf Stunden Aufenthalt in ihren Dienststuben für ein unseriöses Verlangen des Bundesinnenministeriums, und ihre Stellungnahme dazu könnte von Staatsfeinden kommen.

Der Gesetzgeber selbst lügt sich "in die Tasche". Mit dem 2.SED – Unrechtsbereinigungsgesetz vollzieht er eine Farce. Es wird nichts bereinigt, weil es Geld kostet. Meine 10.000 DM Verlust in meiner (anerkannten) Verfolgungszeit durch gehaltliche Herabsetzung, werden nicht bereinigt, weil ich eine zu hohe Rente habe, ich liege über der Pauschale, die der Gesetzgeber festgelegt hat, obwohl nichts im Zusammenhang mit meiner politischen Verfolgung steht. Für einen Normalbürger wäre eine volle Entschädigung, die mit Geld sowieso nicht abgegolten werden könnte, unangemessen. Wie kann er sich mit dem Staatsdiener gleichstellen wollen?

Die einsamen Tage und Monate in der Haft, die Demütigung des MfS und der "Volkspolizei" kann niemand wieder gutmachen! Es geht ja nur um die Anerkennung gerechter Einschätzung.

Die Brüder und Schwestern aus dem Osten müssen sich "eines Besseren" belehren lassen. Erstaunlich ist die Anerkennung des ehrlichen Erwerbs eines Grundstückes zu DDR – Zeiten und die Bestätigung als Eigentum. Ausnahmen bestätigen die Regel! Findig – pfiffige Anwälte haben für ihre Klienten gesetzliche Grundlagen in Hunderten von Fällen unterwandert.

Unsere Restitutionsantragstellenden hatten wohl nicht genügend money, um uns "auszuhebeln" ?

Es ist leider so: Bei dieser Justiz hier in der Bundesrepublik Deutschland ist es eine außerordentliche Glückssache, sein Recht, zu bekommen. Nicht der gesunde Menschenverstand ist maßgebend sondern der Weg durch den Irrgarten, durch den Dschungel der Gesetze. Gewiefte Leute finden ihren Weg aus der Klemme. Betrüger sind Vorbilder, Haie sind die Helden, Skrupellose die Gewinner und Geld ist das Losungswort. Die Opfer siechen dahin, Rechtsgelehrte sind als Anwälte die Sieger und Staatsdiener sind die Könige im Selbstbedienungsladen der "Republik".

Vertrauen – Wem? Hoffen auf Gerechtigkeit ist Sache der Narren! Die Geldinstitute treiben Hunderttausende in den Ruin. War einst der Zins das Entgelt für deponierte Gelder, mit denen die Finanzmächtigen arbeiten, so zahlt heute der Konteninhaber für sein eingelegtes Geld noch die Miete! Und mit den leichtsinnigen Anleihen auf die Zukunft, auf Europa, werden alle geködert. Nur, weil da einer in die Geschichtsbücher als Einheitsvollstrecker und Europamanager kommen will. Von oben nach unten fast nur Lug und Betrug. An einem Finger kannst Du positive Menschen, Freunde "abzählen".

Und die sind vorzeitig gestorben, durch Nichtkönner unter den Ärzten zu Tode traktiert worden.

Gerhard in Bielefeld ist unvergessen; an ihm kann der Trost, sich klammernd, orientieren. Von denen, die noch leben, sind Frank und Wilfried Menschen geblieben. Eine Chance von 1: 70 Millionen, ungedemütigt weiterzuleben. Denn die Hoffnung, Menschen ohne Hintergedanken zu finden, bestätigt sich hie und da. Durch alle Jahre seit dem Krieg steht

Harald aus Kulmbach wie ein zuverlässiger Felsen zu Dir.

So sind es nur wenige, die Du Dein seelisches Überlebensstandbein nennen kannst. Ein Trost, Deine eigene Familie gehört dazu.

Gerhard, mein Klassenkamerad aus der Königsstädtischen Oberschule für Jungen, ist der Wegbegleiter in der Jugend, im mittleren Lebensabschnitt und im "3. Frühling" bis dato. Er hat mir zu meiner Gefängniszeit Hilfe zukommen lassen und mir moralisch geholfen. Mit meinen Gedanken an ihn verbinden sich immer wieder Stationen, die weit zurückliegen.

Von diesen zehre ich, obwohl ich manchmal nicht mehr weiß, ob ich dieses und jenes tatsächlich erlebt habe bzw. in der Art, wie ich es aus heutiger Sicht nachvollziehe. Ein "Packen" von Jahrzehnten kann nicht die Sehnsüchte verdecken, die ich nach der Jugendzeit wie in einer Zeitmaschine aufreihe.

Ich ertappe mich, wie ich manchen Moment meines Lebens noch einmal als Gegenwart erlebe, mich als jung sehe, und gleich danach ist mir klar, was ich verspielt habe und was ich nicht mehr nachholen kann! Weit weg von allem, was mir einmal lieb war, verlebe ich manchen langweiligen Tag, zwischendurch erschrecke ich über mein Alter und sehe die Menschen, die der Tod bereits "abberufen" hat.

Der Körper muß vieles mit Schmerzen ertragen, was früher ganz und gar problemlos ablief. Junge Leute, die Treppen und Ansteigungen aus wahrer Lust hinaufeilen, machen fast neidisch.

Die Enkel lassen einen das Alter wehmütig und schmerzlich bewußt werden. Der Betrug an unserem Leben in den DDR – Zeiten, das ständige Verheizt - werden hat unsere Fähigkeiten arg begrenzt. Was wir noch aufholen konnten, spendet Trost, heilt aber nicht die Wunden "dadrinnen". Die vielen, vielen Jahre sind nicht gut zu machen, die uns die selbstherrlichen Verbrecher gestohlen haben!